MW01282843

PREPARACIÓN
AL DIPLOMA DE ESPAÑOL

Nivel B2

Pilar Alzugaray

María José Barrios

Paz Bartolomé

1.ª edición: 2018
4.ª impresión: 2020

© Edelsa Grupo Didascalia, S.A. Madrid, 2018.
© Autoras: Pilar Alzugaray, María José Barrios, Paz Bartolomé.
Dirección y coordinación editorial: Departamento de Edición de Edelsa.
Diseño de cubierta: Departamento de Imagen de Edelsa.
Diseño y maquetación interior: Grafimarque S.L.

ISBN: 978-84-9081-694-3
Depósito legal: M-37840-2018

Impreso en España/*Printed in Spain*

CD Audio:
Locuciones y montaje sonoro: ALTA FRECUENCIA MADRID. Tel. 915195 277,
www.altafrecuencia.com
Voces: Arantxa Franco, José Antonio Páramo, Ariel Tobillo (voz argentina), Octavio Eguiluz
(voz mexicana).
Las locuciones en las que aparecen personajes famosos son adaptaciones de entrevistas
reales. Sin embargo, las voces son interpretadas por actores.

Nota:
La editorial Edelsa ha solicitado todos los permisos de reproducción correspondientes y da
las gracias a quienes han prestado su colaboración.

«Cualquier forma de reproducción de esta obra solo puede ser realizada con la autorización de la editorial, salvo excepción prevista por la ley. Diríjase a CEDRO (Centro Español
de Derechos Reprográficos, www.cedro.org) si necesita fotocopiar o escanear algún fragmento de esta obra».

Í N D I C E

Nota: Con el fin de familiarizarse con la estructura de este examen y dada su complejidad, se recomienda al estudiante empezar por el examen 7, ya que viene acompañado de todas las indicaciones de las Pautas para los exámenes (pág. 138).

INFORMACIÓN GENERAL

Los diplomas de Español como Lengua Extranjera (DELE) son títulos oficiales de validez indefinida del Ministerio de Educación de España. La obtención de cualquiera de estos diplomas requiere una serie de pruebas.

El diploma DELE B2 equivale al nivel **avanzado**, el cuarto de los seis niveles propuestos en la escala del *Marco común europeo de referencia para las lenguas* (*MCER*). Acredita la competencia lingüística, cultural e intercultural que posee el candidato para:

■ **Entender las ideas principales** de textos complejos que traten de temas tanto concretos como abstractos, incluso si son de carácter técnico, siempre que estén dentro de su campo de especialización.

■ **Relacionarse con hablantes nativos** con un grado suficiente de fluidez y naturalidad, de modo que la comunicación se realice sin esfuerzo por parte de los interlocutores.

■ **Producir textos claros y detallados** sobre temas diversos, así como defender un punto de vista sobre temas generales, indicando los pros y los contras de las distintas opciones.

http://diplomas.cervantes.es/informacion/niveles/nivel_b2.html

INSTRUCCIONES GENERALES

Como candidato a este examen, deberá:

- Presentarse a las pruebas con **su pasaporte**, **carné de identidad**, **carné de conducir** o cualquier documento de identificación oficial.
- Llevar **un bolígrafo** o algo similar que escriba con tinta y un **lápiz del número 2**.
- Tener a mano **las cuatro últimas cifras del código de inscripción**, ya que tendrá que anotarlas en las hojas de respuestas.
- Ser muy puntual.

Antes de cada prueba, el candidato debe:

- Comprobar la hoja de confirmación de datos.
- Completar o confirmar el número de inscripción de las hojas de respuesta.
- Aprender a rellenar con bolígrafo o con lápiz las casillas de las hojas de respuestas:
  - Hay una hoja de respuestas para las pruebas 1 y 2 y el cuadernillo n.º 1.
  - La prueba 3 se presenta en un único cuadernillo, el cuadernillo n.º 2 donde también se escriben las respuestas.
- La **hoja de respuestas** se rellena de la siguiente manera:
  - Apellido(s) y nombre, centro de examen, ciudad y país donde se examina, en mayúsculas y con bolígrafo.
  - Las cuatro últimas cifras del código de inscripción (con lápiz del n.º 2). El código se pone dos veces, una con número y otra sombreando las casillas.
  - Tiene que marcar las respuestas del examen con lápiz del número dos, como se indica a continuación:

¡ATENCIÓN!
FORMA DE MARCAR

CORRECTA

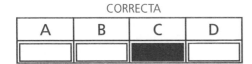

INCORRECTA

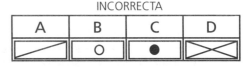

USE ÚNICAMENTE LÁPIZ DEL NÚMERO 2.
CORRIJA BORRANDO INTENSAMENTE.

Ojo: En algunos países o ciudades las hojas de respuesta vienen ya con los datos del candidato y las respuestas se rellenan solo con bolígrafo.

Importante: Se requiere la calificación de *apto* en cada uno de los dos grupos de pruebas en la misma convocatoria de examen.
Grupo 1: Comprensión de lectura y Expresión e interacción escritas.
Grupo 2: Comprensión auditiva y Expresión e interacción orales.
Cada grupo se puntúa sobre 50. La puntuación mínima para resultar apto es de 30 puntos.

PRUEBA N.º 1 Comprensión de lectura (70 minutos)

Esta prueba se encuentra en el Cuadernillo n.º 1 y consta de 4 tareas:

Tarea 1:
- Comprender las ideas esenciales y la información específica en textos complejos.
- Selección múltiple: 6 ítems y 3 opciones de respuesta.
- Textos informativos complejos del ámbito público, profesional o académico. (400 a 450 palabras)

Tarea 2:
- Localizar información específica en textos e inferir información.
- Relacionar 4 textos de entrada con 10 ítems. (130-150 palabras)
- Textos expositivos del ámbito personal y público.

Tarea 3:
- Reconstruir la estructura global de un texto. Completar párrafos con 6 ítems. (15-20 palabras) de los 8 enunciados propuestos.
- Artículos de opinión, noticias, cartas al director, guías de viaje… (400-450 palabras)

Tarea 4:
- Identificar estructuras gramaticales. *Cloze* cerrado de 14 ítems con 3 opciones de respuesta.
- Textos literarios o históricos. (400-450 palabras)
- Ver descripción detallada de cada tarea, pág. 140, 144, 147, 150.

PRUEBA N.º 2 Comprensión auditiva (40 minutos)

Esta prueba se encuentra en el Cuadernillo n.º 1 y consta de 5 tareas:

Tarea 1:
- Captar las ideas fundamentales y extraer información. Selección múltiple: 6 ítems y 3 opciones de respuesta.
- 6 conversaciones formales e informales. (40-60 palabras)

Tarea 2:
- Reconocer información específica. Asociación de ideas: 6 ítems con una persona determinada.
- Conversación entre dos personas. Ámbito público y personal. (450-500 palabras)

Tarea 3:
- Extraer información e inferir implicaciones. Selección múltiple: 6 ítems y 3 opciones de respuesta.
- Entrevista radiofónica o televisiva de los ámbitos público, profesional y académico. (400-450 palabras)

Tarea 4:
- Captar la idea fundamental de monólogos o conversaciones breves.
- Correspondencias: 6 ítems y 9 opciones de respuesta.
- Monólogos cortos de los ámbitos profesional y académico. (50-70 palabras)

Tarea 5:
- Extraer información e inferir implicaciones. Selección múltiple. 6 ítems y 3 opciones de respuesta.
- Conferencia, discurso o monólogo extenso de los ámbitos público, profesional y académico.
- Ver descripción detallada de cada tarea, pág. 152, 155, 157, 159, 161.

PRUEBA N.º 3 Expresión e interacción escritas (80 minutos)

Esta prueba se encuentra en el Cuadernillo n.º 2 y consta de 2 tareas:

Tarea 1:
- Comprender un texto oral informativo y redactar una carta o un correo electrónico.
- Redactar un texto epistolar, formal o informal. (150-180 palabras)
- Se parte de un estímulo oral de los ámbitos público, académico o personal. (200-250 palabras)
- Pautas para redactar el texto.

Tarea 2:
- Redactar un texto argumentativo con opiniones y valoraciones a partir de gráficos, textos o tablas.
- Redactar en un registro formal un artículo de opinión a elegir entre 2 opciones:
  – Opción A: Se comentará un gráfico o una tabla con datos estadísticos.
  – Opción B: Se comentará un artículo en un blog o una reseña. (200-250 palabras)
- Pautas para redactar el texto.
- Ver descripción detallada de cada tarea, pág. 163, 166.

PRUEBA N.º 4 Expresión e interacción orales (20 minutos + 20 minutos de preparación)

Esta prueba consta de 3 tareas:

Tarea 1:
- Valorar ventajas y desventajas de una serie de propuestas a partir de las que se intentará resolver una situación problemática. (6-7 minutos)
- Monólogo breve y conversación posterior. Dos opciones. Se elige una y se prepara.
- Lámina con una situación problemática y de 5 a 7 propuestas para solucionarla.

Tarea 2:
- Descripción de una situación a partir de un enunciado, una foto y unas pautas. (5-6 minutos)
- Monólogo breve y conversación posterior. Dos opciones. Se elige una y se prepara.
- Lámina con una foto, un enunciado y pautas para el candidato.

Tarea 3:
- Conversación a partir de un estímulo escrito o un gráfico. (3-4 minutos)
- Conversación informal breve. Dos opciones. Se elige una y no se prepara antes.
- Una o dos láminas con instrucciones de la tarea y estímulo para la conversación.
- Ver descripción detallada de cada tarea, pág. 169, 172, 174.

En los exámenes originales los temas de cada una de las pruebas son diferentes entre sí. En este libro se ofrecen modelos de exámenes englobados por temas para facilitar el aprendizaje del vocabulario y el desarrollo de estrategias por parte del candidato.

Para más información le recomendamos que visite la dirección oficial de los exámenes http://diplomas.cervantes.es donde encontrará fechas y lugares de examen, precios de las convocatorias, modelos de examen y demás información práctica y útil para que tenga una idea más clara y precisa de todo lo relacionado con estos exámenes.

INDIVIDUO, ALIMENTACIÓN, SALUD E HIGIENE

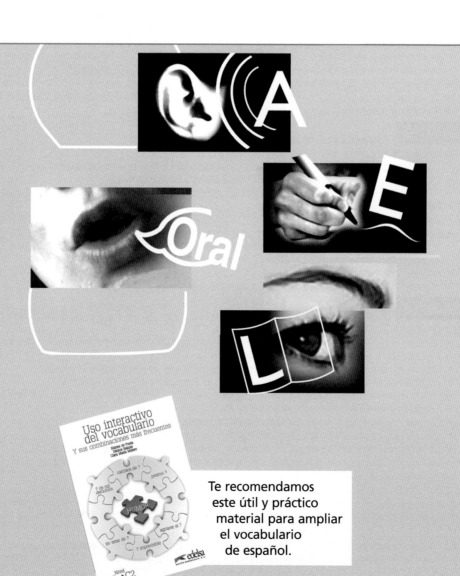

Te recomendamos este útil y práctico material para ampliar el vocabulario de español.

VOCABULARIO

FICHA DE AYUDA
Para la expresión e interacción
escritas y orales

INDIVIDUO

Aspectos físicos

Articulación (la) ....
Bofetón (el) ....
Canoso/a ....
Cerebro (el) ....
Columna (la) ....
Gesto (el) ....
Hígado (el) ....
Lágrima (la) ....
Palma (la) ....
Pulgar (el) ....
Saliva (la) ....
Sudor (el) ....
Uña (la) ....

Verbos y expresiones

Bostezar ....
Dar a luz ....
Estornudar ....
Masticar ....
Ser clavado ....
Tener arrugas ....

Aspectos anímicos

Verbos y expresiones

Estar animado/a ....
- agobiado/a
Inculcar ....
No tener dos dedos de frente ....
Tener modales ....
- envidia ....
Volver loco/a ....

Parentesco

Nuera (la) ....
Suegro/a (el/la) ....
Yerno (el) ....

Verbos y expresiones

Conocer(se) de vista ....
Envejecer ....
Madurar ....
Pelear(se) ....
Tener un ligue ....

ALIMENTACIÓN

Bollería (la) ....
Carne guisada (la) ....
- asada ....
Fabada (la) ....
Frutos secos (los) ....
Fuente (la) ....
Hueso (el) ....
Langostino (el) ....

ALIMENTACIÓN (continúa)

Legumbres (las) ....
Lubina (la) ....
Pechugas (las) de pollo ....
Pincho (el) ....
Ración (la) ....

Verbos y expresiones

Chupar ....
Comer pipas ....
Cortar en dados ....
Hacer la digestión ....
Ponerse malo ....
Pudrir(se) ....

SALUD E HIGIENE

Ambulatorio (el) ....
Analgésico (el) ....
Antiinflamatorio (el) ....
Beneficioso/a ....
Botiquín (el) ....
Calmante (el) ....
Catarro (el) ....
Diagnóstico (el) ....
Escayola (la) ....
Esparadrapo (el) ....
Gasa (la) ....
Grano (el) ....
Inyección (la) ....
Lima (la) ....
Mareo (el) ....
Náuseas (las) ....
Perjudicial ....
Pomada (la) ....
Presión arterial (la) ....
Síntoma (el) ....

Verbos y expresiones

Contagiar(se) ....
Cuidarse ....
Curar(se) una herida ....
Dar cabezadas ....
Dar puntos ....
Escayolar ....
Estar a dieta ....
Hacerse un empaste ....
- un esguince ....
Recetar ....
Reponer fuerzas ....
Sentar bien/mal la comida ....
Tener una cicatriz ....
Tener una salud de hierro ....
Vacunarse ....
Vendar ....

70 min Tiempo disponible para las 4 tareas.

TAREA 1

A continuación va a leer un texto. Después, deberá contestar a las preguntas, 1-6, y seleccionar la respuesta correcta, a), b) o c).

MUSICOTERAPIA

La AMTA, *American Music Therapy Asociation*, define la Musicoterapia como la utilización científica de la música para restaurar, mantener y mejorar la salud física y psíquica de las personas. La Musicoterapia puede aplicarse desde los primeros meses del embarazo hasta los últimos momentos de la vida de una persona. Esto hace que sus campos de intervención sean muy variados: problemas del lenguaje, déficit de atención, autismo... También llega a la geriatría (párkinson, alzhéimer...), salud mental (trastornos psicóticos, de la conducta alimentaria...) u otros campos médicos (bebés prematuros, oncología, rehabilitación neurológica, dolor crónico...).

El proceso de intervención comienza por iniciativa del paciente o tras la derivación por parte de un profesional (psicólogo, médico, terapeuta ocupacional...). Para establecer los objetivos y el tratamiento, se recabará previamente información, tanto del estado de salud del paciente como de sus experiencias con la música. Este tratamiento se aplica a lo largo de un periodo de tiempo, en sesiones normalmente semanales de una hora de duración aproximadamente. La estructura de las sesiones depende del sector de población al que va dirigida, del estado físico o emocional del paciente o de los objetivos terapéuticos que se persigan, entre otros factores.

Siendo la Musicoterapia una terapia fundamentalmente no verbal, nos comunicaremos a través de la música y de diversas expresiones musicales para obtener información que nos permita intervenir adecuadamente. Los recursos musicales utilizados van desde el canto hasta el uso de instrumentos, el movimiento, la creación musical, la escucha guiada de música o la improvisación. La Musicoterapia proporciona un espacio terapéutico estructurado, ofreciendo seguridad para propiciar los cambios deseados en cada paciente.

Es fundamental la música en directo. El musicoterapeuta, debidamente entrenado, será capaz de adaptar cada música al paciente, algo que no permite la música grabada. Las reacciones ante cada tipo de música son propias de cada individuo, dependen de su estado físico y psicológico, así como de su historia personal y cultural. Así, la simple escucha de un CD de música clásica no conllevará automáticamente la relajación del paciente.

La Musicoterapia es una profesión emergente y poco conocida en España, pero ya es impartida como formación reglada en estudios de posgrado de diversas universidades y centros privados. En estos estudios se abarca tanto el área clínica como la musical y la musicoterapéutica. Asociaciones nacionales e internacionales establecen que el musicoterapeuta profesional debe estar capacitado en estas tres áreas.

En el contexto socioeconómico actual la Musicoterapia desempeña una función importante. Podemos resaltar su condición de disciplina no farmacológica, carente de efectos secundarios. Ello ahorraría dinero al Sistema Nacional de Salud y repercutiría en el bienestar integral del paciente, al implicar a la persona y a su entorno en actividades placenteras. Por tanto, la música y todas sus expresiones, inherentes al ser humano desde tiempo inmemorial, pueden ser la respuesta a los retos en el futuro de la salud.

Carmen Miranda y Manu Sequera
Adaptado de www.huffingtonpost.es

PREGUNTAS

1. Según el texto, la Musicoterapia es eficaz…

a) desde el nacimiento hasta el final de la vida.
b) para la preparación en algunas intervenciones quirúrgicas.
c) para diversas disciplinas médicas, entre ellas, problemas de la vejez.

2. En el texto se indica que el tratamiento de Musicoterapia…

a) comienza solo tras la aprobación de un profesional.
b) es más efectivo si el paciente tiene conocimientos musicales.
c) se organiza según las circunstancias particulares de cada persona.

3. En el texto se indica que en las sesiones…

a) el paciente no debe hablar.
b) la música sirve para conocer los problemas de salud del paciente.
c) el canto siempre se combina con instrumentos.

4. Según el texto, la música grabada…

a) no tiene por qué ser clásica.
b) no puede adaptarse a cada caso de tratamiento.
c) no puede relajar al paciente.

5. En el texto se afirma que la Musicoterapia…

a) está reconocida por asociaciones nacionales e internacionales.
b) se ofrece en algunas clínicas.
c) tiene carácter oficial en algunos centros y universidades españolas.

6. Según el texto, la Musicoterapia…

a) prescinde de medicamentos.
b) implica a la persona en la modificación de su entorno.
c) está subvencionada por el Sistema Nacional de Salud.

TAREA 2

A continuación va a leer cuatro textos en los que cada persona habla de la figura de su abuelo. Después, tendrá que relacionar las preguntas, 7-16, con los textos, a), b), c) y d).

PREGUNTAS

	a) Alfonso	b) Javier	c) Antonio	d) Juan
7. ¿Quién dice que su abuelo no tenía más que la educación básica?				
8. ¿Quién señala que su abuelo participaba en sus juegos infantiles?				
9. ¿Para quién fue muy importante el apoyo de su abuelo en los comienzos de su vida profesional?				
10. ¿Quién dice que su abuelo era canoso y tenía un gran porte?				
11. ¿Quién comenta que a su abuelo le gustaba viajar?				
12. ¿En qué texto se comenta que el abuelo fue profesor?				
13. ¿Quién describe a su abuelo como un hombre de múltiples aptitudes?				
14. ¿Quién recuerda a su abuelo como un gran narrador de historias?				
15. ¿Quién afirma que su abuelo le inculcó el amor a la lectura?				
16. ¿Quién dice que su abuelo no había ido a la escuela?				

a) Alfonso

Mi abuelo Emilio era una gran persona, alto, delgado con el pelo blanco y lacio. Yo, desde mi altura de ocho años, le veía majestuoso. Era apacible, nunca se enfadaba y yo le quería mucho. Vivía con nosotros desde siempre. Era el padre de mi madre, que era hija única. Mis amigos Chimo y Quique me envidiaban por tener a mi abuelo, porque ellos ya no lo tenían. Algunas veces el abuelo nos llevaba a los tres al cine, a la primera sesión de los sábados, dependiendo de si sacábamos buenas notas en el colegio; aunque lo más usual era que se sentara con sus amigos en un banco de nuestra urbanización, mientras nosotros jugábamos al fútbol, al escondite o al pilla pilla. Era socio del Club de Jubilados y se apuntaba a todas las excursiones: decía que así practicaba más geografía que en toda su vida juvenil y laboral.

Adaptado de www.tarragona.cat/lajuntament/conselleries

b) Javier

A pesar de la tristeza que me dejó su partida, siento un enorme agradecimiento por haberle tenido en mi vida. Mi abuelo, mi modelo a seguir, mi amigo. Me enseñó tantas cosas… Gracias a él leí mis primeras novelas: recuerdo con qué celo guardaba su colección de libros en el cuartito de arriba. Cada vez que los veo es como si le viera a él reflejado en ellos. Una de las cosas más importantes que aprendí de él es que hay que trabajar para lograr las cosas, que uno mismo es el artífice de su propio futuro, que al final uno siempre obtiene lo que merece por cada una de sus acciones… Siempre fue un hombre noble, un hombre de bien… Aún me resulta increíble y admirable que un hombre cuya máxima educación fue la básica lograse sacar adelante a cinco hijas, cada una de ellas con carrera, solo con su esfuerzo y trabajo.

Adaptado de http://mafalda3000.blogspot.com

c) Antonio

Mi abuelo tuvo un gran protagonismo en mi infancia y en la de mis seis hermanos, pues vivía con nosotros y entre sus libros en nuestro domicilio de Sevilla. Como mi padre salía muy temprano para su trabajo, el hombre que quedaba en casa era mi abuelo. Mi abuelo muchas veces se entregaba a la divertida pero difícil tarea de jugar y lidiar con nosotros; pero más de una vez hubo de darse por vencido. Por eso repetía, con cómica desesperación, que él fue capaz de mantener en orden y silencio a clases con docenas de alumnos y, sin embargo, no podía embridar ni ordenar a sus nietos. Ante estas situaciones, encontraba un remedio eficaz: contar cuentos. Cuentos que inventaba sobre la marcha, ayudado por su imaginación, su vasta cultura y que mantenían en suspenso y orden, siquiera por un rato, a sus traviesos nietos.

Adaptado de www.arrakis.es/~flara/siurot/recuerdos

d) Juan

Hoy recuerdo a mi abuelo, mecánico de profesión y polifacético, capaz de arreglar coches, lavadoras, grabar documentales o crear auténticas obras de arte en forma de esculturas y miniaturas a escala. Un homenaje justo para él es recordar lo grande que fue para con su familia, criando en medio de la dificultad a cinco hijos. Capaz de inventar, innovar, soñar y desarrollar su creatividad, sin dinero, sin medios. Fiel a la vez que bromista, siempre positivo, optimista, idealista, al tiempo que curioso y autodidacta. Mi abuelo me enseñó mucho y me demostró que, sin tener una educación reglada, con la ayuda simple de tu curiosidad y tu interés, se puede llegar a saber mucho. Cuando inicié mis sueños de construir mis propios coches y montar mi propia empresa, probablemente pocas personas me tomaron en serio, pero hubo una persona que mostró genuino interés en saber cuál era mi sueño. Ese fue mi abuelo.

Adaptado de http://guillegarciaalfonsin.blogspot.com.es

TAREA 3

A continuación va a leer un texto del que se han extraído seis fragmentos. Después, lea los ocho fragmentos propuestos, a)-h), y decida en qué lugar del texto, 17-22, hay que colocar seis de ellos. Cuidado, hay dos fragmentos que no tiene que elegir.

EL *TUPPER* ARRASA EN LA OFICINA

Muchos afirman que es la mejor forma para mantener la línea y la salud. Otros notan la mejoría en el bolsillo. Sea cual sea la excusa, el tupper *acompaña tanto a los obreros como a los trabajadores más encorbatados. Expertos en nutrición avisan de que comer en tupper es tan sano como hacerlo en casa.*

17. _____. Hay que evitar envases no homologados. Los plásticos de uso alimentario, que no desprenden aditivos, cuentan con el dibujo de una copa y un tenedor. Estos envases deben cambiarse cuando se empiecen a estropear los bordes o pierdan la transparencia. **18.** _____. Se puede transportar de todo en un envase adecuado, siempre que no se rompa la cadena de refrigeración. Por ello, una vez que se llegue al trabajo es necesario contar con frigoríficos donde guardarlo hasta la hora de comer para que se mantenga a la temperatura necesaria.

19. _____. Normalmente, en los trabajos existen microondas donde introducimos el alimento, calentamos y sale la temperatura ideal para tomarlo. Pero lo mejor en estos casos sería aumentar su temperatura unos minutos más para asegurarnos de matar posibles bacterias como la salmonela.

20. _____. Con todo, son los platos de vidrio y cerámica los más idóneos para calentar la comida, ya que no contienen los aditivos de los plásticos y cuentan con una superficie no porosa que ayuda a que se limpien mejor y se eliminen las bacterias.

Desde el punto de vista dietético, los nutricionistas subrayan la necesidad de un plan de comida semanal que incluya variedad. El mayor problema al que nos enfrentamos es la falta de tiempo, algo que puede llevar a problemas de obesidad, por muy sano que creamos comer.

21. _____. Muchas veces nos escudamos en la falta de electrodomésticos para calentarlos para tender, por comodidad, a tirar de alimentos de fácil preparado, como bocadillos. Comer queso o fiambres alguna vez no es malo, pero no debe convertirse en costumbre.

22. _____. Estos, por su parte, han de huir de la monotonía en las comidas y recordar que se puede transportar de todo, incluido frutas, verduras y legumbres. El *tupper* es solo un medio para comer tan sano como lo haríamos en nuestra casa.

Silvia R. Taberné

Adaptado de www.elmundo.es/elmundosalud

FRAGMENTOS

a)

Los recipientes de cerámica resultan más adecuados para calentar los alimentos en el microondas.

b)

Lo mejor en estos casos es hacer una previsión y sacar tiempo para hacer la compra, elegir los mejores productos y cocinarlos.

c)

Aunque creamos que pueden todavía servir, siempre es más fácil que los aditivos del plástico lleguen a la comida.

d)

A la hora de comer, es recomendable calentar los alimentos a una temperatura mayor de lo habitual para eliminar todo rastro de contaminación.

e)

Ahora bien, este hábito exige ciertas condiciones de conservación y calentamiento de los alimentos.

f)

Los bocadillos son un buen recurso cuando la escasez de tiempo nos impide hacer una planificación.

g)

También las empresas tienen su responsabilidad, pues han de facilitar las instalaciones y condiciones adecuadas para que los empleados puedan llevar su comida.

h)

Los plásticos homologados para el transporte de comida tienen altos niveles de seguridad y no presentan peligros.

TAREA 4

A continuación va a leer un texto. Complete los huecos, 23-36, con la opción correcta, a), b) o c).

La leyenda del ladrón

El sol que entraba por la ventana dejaba a su visitante a contraluz, por lo que al principio Clara pensó que se trataba de la panadera. La mujer llevaba el rostro cubierto de un polvo blanquecino, _____23_____ fue lo que engañó a la joven. Pero en un segundo vistazo comprendió que lo que había tomado por harina no era sino albayalde, la sustancia con la que las mujeres se maquillaban. Desde luego no había _____24_____ de común en aquella mujer. Todo en su atuendo llamaba la atención, desde el prominente escote hasta el vestido, de un color verde chillón. _____25_____ Clara no lo había percibido al principio, la mujer se había perfumado con agua de rosas. El conjunto era tan llamativo _____26_____ indefinido, y se dio cuenta de que hubiera sido incapaz de precisar la edad de su visitante.

Clara sonrió comprensiva. Había visto muchas veces pasar consulta a Monardes. A menudo los pacientes no sabían comunicar bien sus síntomas, ya fuera porque estos les avergonzaban o porque no eran capaces de identificarlos, _____27_____ Monardes, impaciente, les hacía multitud de preguntas, a veces desabridas, para averiguar qué era lo que tenían. _____28_____ resultado los pacientes se ponían aún más nerviosos e _____29_____ llegaban a marcharse indignados. El médico, de naturaleza orgullosa, se limitaba a encogerse de hombros y a afirmar que ya _____30_____.

Clara no estaba de acuerdo con aquella manera de actuar. Sabía bien que las palabras podían _____31_____ tan dolorosas como una úlcera o un hueso roto. Cuando le habló de sus pensamientos al médico, este la mandó a rellenar los aljibes de muy malos modos. Pero algo _____32_____ de calar sus palabras porque a partir de entonces Clara notó cómo intentaba moderarse con los pacientes.

—Pasad y sentaos, por favor —le dijo Clara a su visitante.

Esta pareció reacia al principio a cruzar la barrera _____33_____ suponía el mostrador, pero acabó accediendo. Clara le acercó una silla y se sentó frente a ella.

—Estamos solas, así que podéis hablar con total libertad. Vuestro asunto es de índole... ¿íntima?

—¿Íntima? Íntimo es mi negocio, sí, pero no tiene nada que ver con _____34_____. Me llamo Lucía, y apellido no llevo porque fui abandonada en una iglesia, pero todos me llaman la *Puños*. Y _____35_____ a lo que me dedico no vengas con esas, chica. ¿A santo de qué venía _____36_____ la mirada de arriba abajo que me has echado cuando he entrado por la puerta?

—Bueno, pensé que tal vez fuerais una dama de alta cuna, o quizás... —mientras Clara hablaba, todas las piezas del rompecabezas iban cayendo en su sitio.

Texto adaptado, Juan Gómez Jurado

23.	a) que	b) el cual	c) lo que
24.	a) cualquiera	b) algo	c) nada
25.	a) Aunque	b) Y eso que	c) A pesar de
26.	a) que	b) como	c) porque
27.	a) salvo que	b) con motivo de que	c) de manera que
28.	a) Como	b) Por	c) Para
29.	a) siquiera	b) incluso	c) por poco
30.	a) volvieran	b) volverían	c) volverán
31.	a) llegar a ser	b) quedarse	c) ponerse
32.	a) pudieron	b) tuvieron	c) debieron
33.	a) la cual	b) que	c) la que
34.	a) ese	b) eso	c) esa
35.	a) en cuanto	b) a propósito	c) acerca
36.	a) entonces	b) así	c) por tanto

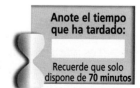

Anote el tiempo que ha tardado:

Recuerde que solo dispone de **70 minutos**

PRUEBA 2 **A** Comprensión auditiva

40 min

Tiempo disponible para las 5 tareas.

TAREA 1

CD I

Pista 1

A continuación va a escuchar seis conversaciones breves. Oirá cada conversación dos veces seguidas. Después, tendrá que seleccionar la opción correcta, a), b) o c), correspondiente a cada una de las preguntas, 1-6.
Dispone de 30 segundos para leer las preguntas.

PREGUNTAS

Conversación 1
1. La mujer le dice al marido que…
   a) vaya a ver cómo se encuentra el niño.
   b) es posible que el niño se sienta un poco mareado.
   c) le va a dar una medicina para el resfriado.

Conversación 2
2. Pedro le dice a Juan que…
   a) ha estado en el dentista.
   b) por qué está escayolado.
   c) no se queje, pues nunca ha tenido buena salud.

Conversación 3
3. La clienta del restaurante va a tomar…
   a) una tarta casera.
   b) una botella de agua.
   c) pollo.

Conversación 4
4. Las dos compañeras de piso van a comprar…
   a) un objeto para arreglarse las uñas.
   b) medicinas.
   c) una pomada desinfectante para granos.

Conversación 5
5. Teresa le dice a Carmen que…
   a) las niñas le ponen muy nerviosa.
   b) la niña se parece mucho a la familia de su marido.
   c) cree que los padres de la niña tienen poco sentido común.

Conversación 6
6. El profesor le dice a la madre que…
   a) el niño se ha caído y han tenido que llevarlo a un hospital.
   b) la herida no es importante y no le quedarán marcas.
   c) el niño se ha tomado dos medicinas distintas.

Preparación Diploma de Español (Nivel B2)

Comprensión auditiva

TAREA 2

A continuación va a escuchar una conversación entre dos especialistas sobre la adicción al tabaco. Después, indique si los enunciados, 7-12, se refieren a lo que dice Plácido, a), Teresa, b), o ninguno de los dos, c). Escuchará la audición dos veces.
Dispone de 20 segundos para leer los enunciados.

PREGUNTAS

	a) Plácido	b) Teresa	c) Ninguno de los dos
0. La relación de un fumador con el tabaco es como una amistad.	✔		
7. El dejar de fumar es una actividad muy complicada.			
8. El enfoque de varias disciplinas y la coordinación del personal son fundamentales en la ayuda para dejar de fumar.			
9. La Unidad de Tabaquismo de La Princesa realiza terapias en grupo que apoyan a los centros de salud.			
10. En el tabaco hay muchos elementos nocivos como desinfectantes y metales.			
11. Las recaídas son el principal problema de los adictos al tabaco.			
12. Hay dos tipos de fumadores: los que tienen adicción al tabaco y los que no.			

CD I

Pista 3

TAREA 3

A continuación va a escuchar parte de una entrevista a una especialista en lenguaje no verbal hablando sobre cómo dar la mano adecuadamente. Escuchará la entrevista dos veces. Después, conteste a las preguntas, 13-18. Seleccione la respuesta correcta, a), b) o c).
Dispone de 30 segundos para leer las preguntas.

PREGUNTAS

---

13. En esta entrevista, Elsa Punset dice que…
   a) dar la mano de forma correcta sirve para dar buena impresión.
   b) el lenguaje no verbal dice cosas de nosotros.
   c) el apretón de manos no siempre nos define.

14. En la entrevista se informa de que…
   a) algunos tipos de mono se saludan de formas similares al apretón de manos.
   b) las personas dependientes de otras son más vulnerables cuando dan la mano.
   c) los esquimales siempre se saludan entre ellos dándose bofetadas.

15. Elsa Punset cuenta que…
   a) puede ser difícil cambiar tu forma natural de dar la mano.
   b) orientar la mano hacia arriba es una de las peores formas de saludo.
   c) hay que tener cuidado cuando das la mano a personas que ponen la palma hacia arriba.

16. La entrevistada dice que cuando pones la palma de la mano hacia arriba…
   a) debes poner debajo la mano que no agarra la mano contraria.
   b) es correcto para que el otro se excuse por algo.
   c) puede indicar que quieres pedir perdón.

17. En esta entrevista se nos explica que…
   a) el apretón de manos débil no sirve para encontrar un buen trabajo.
   b) también la posición del dedo gordo puede indicar dominación o vulnerabilidad.
   c) las mujeres suelen dar apretones de manos flojos.

18. La entrevistada nos dice que el apretón de manos correcto…
   a) es con la mano en posición horizontal.
   b) sirve para pedir perdón si pones el pulgar vertical.
   c) debe ir acompañado, entre otras cosas, de una mirada a los ojos del otro.

CD I

Pista 4

TAREA 4

A continuación va a escuchar a seis personas que nos cuentan cómo duermen. Escuchará a cada persona dos veces. Después, seleccione el enunciado, a)-j), que corresponde al tema del que habla cada persona, 19-24. Hay diez enunciados incluido el ejemplo. Seleccione únicamente seis.

Dispone de 20 segundos para leer los enunciados.
Escuche el ejemplo:
   Persona 0
   La opción correcta es el enunciado **g**.

ENUNCIADOS

a) No duerme muchas horas, pero descansa lo necesario.

b) Una enfermedad le impide dormir muchas horas.

c) Puede dormirse en cualquier posición y circunstancia.

d) Las pipas le dan sueño.

e) Quiere que lo graben mientras duerme para poner el vídeo en Internet.

f) Estaba tan aburrida viendo la Capilla Sixtina que se durmió.

g) *Cuando era joven era más dormilona que en la actualidad.*

h) La televisión actúa como un medicamento que le da sueño.

i) Está levantado a las tres y media.

j) De joven, cuando se dormía, se iba apoyando en la pared para no caerse.

	PERSONA	ENUNCIADO
	Persona 0	**g)**
19.	Persona 1	
20.	Persona 2	
21.	Persona 3	
22.	Persona 4	
23.	Persona 5	
24.	Persona 6	

CD I

Pista 5

TAREA 5

A continuación va a escuchar a D. Alfonso Valenzuela, especialista en nutrición, hablando sobre los beneficios del chocolate. Escuchará la audición dos veces. Después, conteste a las preguntas, 25-30. Seleccione la respuesta correcta, a), b) o c).
Dispone de 30 segundos para leer las preguntas.

PREGUNTAS

25. En esta entrevista, el doctor Valenzuela dice que…
   a) el chocolate es un alimento muy bueno para la salud.
   b) el cacao no gusta mucho a la gente.
   c) el cacao es el único componente del chocolate.

26. En la audición se informa de que…
   a) el cacao puede curar la diabetes.
   b) el chocolate aumenta la presión arterial.
   c) el cacao es muy bueno para el corazón y el aparato circulatorio.

27. El entrevistado cuenta que…
   a) el chocolate tiene muchas calorías y azúcares.
   b) los aztecas tomaban el cacao introduciéndolo en agua.
   c) Hernán Cortés se dio cuenta de que el chocolate le daba fuerza.

28. Según el especialista en nutrición…
   a) fue en Suecia donde se empezó a fabricar chocolate con leche por vez primera.
   b) el chocolate con cacao de primera calidad no pueden tomarlo todos por razones económicas.
   c) el cacao traído de América fue comercializado por los Padres Agustinos.

29. En esta entrevista se nos explica que…
   a) el chocolate tiene muchas sustancias flavonoides.
   b) el cacao funciona como un anticoagulante de los grandes vasos.
   c) el cacao no cura enfermedades, pero previene algunas.

30. El doctor Valenzuela…
   a) dice que algunas sustancias del cacao protegen de la oxidación.
   b) afirma que la grasa y el colesterol provienen de la oxidación en los vasos sanguíneos.
   c) nos aconseja tomar grandes cantidades de chocolate.

Anote el tiempo que ha tardado:

Recuerde que solo dispone de **40 minutos**

Preparación Diploma de Español (Nivel B2)

PRUEBA 3 — Expresión e interacción escritas

80 min Tiempo disponible para las 2 tareas.

TAREA 1

En su barrio van a instalar una antena de telefonía móvil, a pesar de la oposición de los vecinos. Usted tiene dolores de cabeza y vómitos que, según ha leído, pueden acentuarse con dicha antena. Escriba una carta al periódico local donde exponga su rechazo a la medida. En la carta debe:

- presentarse;
- explicar en qué le afecta la instalación de la antena;
- explicar las consecuencias que, en su opinión y lo que ha oído y leído en los medios de comunicación, tendrá esta medida;
- proponer soluciones alternativas.

Número de palabras: entre 150 y 180.

CD I
Pista 6

*Va a escuchar una noticia relacionada con **la instalación de antenas de telefonía móvil y sus efectos nocivos en la salud.***

Redactar una carta al director

CARACTERÍSTICAS

La sección «Cartas al director» es una de las más leídas de los periódicos, ya que constituye un foro excelente para cualquier reivindicación que se quiera hacer.

Podemos decir que las características primordiales que ha de tener son:

1. Veracidad.
2. Brevedad.
3. Originalidad.
4. Identificación del autor.
5. Lugar y fecha.
6. Ordenar bien las ideas y argumentos.
7. Sencillez.
8. Evitar difamar o insultar.
9. Claridad y corrección gramatical y ortográfica.
10. Actualidad.
11. Usar el humor sin molestar ni insultar.

MODELO DE CARTA AL DIRECTOR

TÍTULO COLOCADO POR EL PERIÓDICO

ENCABEZAMIENTO
Siempre ponemos
Sr. director:

¡¡¡IMPORTANTE!!!
Detrás del saludo se
ponen siempre DOS
PUNTOS.

(fecha)

Operaciones estéticas o antiestéticas

INICIO DE LA CARTA
Un ejemplo, una frase
corta que resuma
el contenido posterior.

Señor director:

Cada vez más vemos en los medios de comunicación la necesidad que tienen algunos de pasar por el quirófano para alterar su cuerpo.

PRESENTACIÓN Y EXPOSICIÓN DEL PROBLEMA
- Soy un suscriptor y lector asiduo de su revista…
- Suelo leer con asiduidad e interés los artículos…
- Soy un lector habitual de su periódico…

Soy un asiduo lector de su periódico, y debo decir que tras leer su artículo del pasado domingo sobre el precio de ciertas operaciones estéticas he decidido escribirles, ya que me indigna que se tomen tan a la ligera estas cuestiones, y que se promueva un modelo de belleza artificial que puede acarrear enormes problemas.

HACER CRÍTICAS CONSTRUCTIVAS
Es mejor dar ideas para solucionar el problema que hacer una crítica sin más.

En los quirófanos solo hay que entrar por un problema de salud (también entra corregir una malformación física), por lo que les invito a una reflexión sobre la influencia negativa que este tipo de artículos puede tener entre los más jóvenes.

MOTIVO DE LA CARTA
- Tras leer el artículo… me ha llamado la atención…
- … y en el reportaje/ artículo del pasado…, firmado por… se vierten opiniones ofensivas sobre…
- … en esta ocasión quiero manifestarle mi total desacuerdo/ rechazo de las opiniones…

Por supuesto, debemos ser tolerantes con las decisiones de cada cual, pero siempre que la persona que toma una decisión similar a esta sea responsable y mayor de edad.

AGRADECER
- Le doy las gracias de antemano/ anticipadamente por su atención.
- … y estoy seguro/a de que una revista de la categoría de la suya sabrá seguir en su línea de hacer honor al rigor y objetividad que siempre le han caracterizado…

Les doy las gracias de antemano por su atención. Estoy seguro de que un periódico como el suyo sabrá rectificar con el rigor que les caracteriza.

Lorenzo Amigo, Alcalá de Henares (Madrid)

IDENTIFICACIÓN

TAREA 2

Elija solo una de las dos opciones que se le ofrecen a continuación:

OPCIÓN 1

Usted colabora con el departamento de salud de su distrito y le han pedido que escriba un informe sobre las principales causas de muerte prematura, para adoptar medidas preventivas. En él debe incluir y analizar la información que se ofrece en el siguiente gráfico.
Número de palabras: entre 150 y 180.

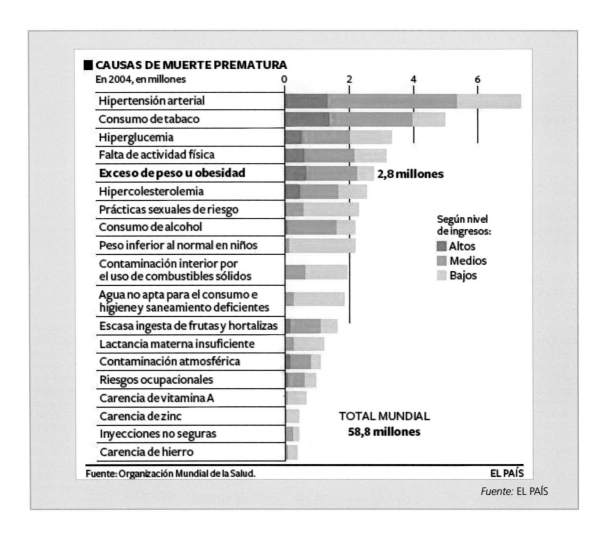

Fuente: EL PAÍS

Redacte un texto en el que deberá:
- hacer referencia a los principales factores que inciden en las muertes prematuras;
- comparar de forma general los porcentajes de las distintas causas de muertes prematuras en relación con el nivel de ingresos;
- resaltar los datos que considere más relevantes del estudio;
- expresar su opinión sobre la información recogida en el gráfico;
- recoger en una conclusión las medidas preventivas que se deben tomar.

OPCIÓN 2

Usted asistió ayer a una sesión informativa sobre la Campaña de Vacunación contra la Gripe Estacional. Debe escribir una circular en su centro de trabajo en la que dé pautas de actuación claras y precisas para prevenir la enfermedad. Para ello cuenta con unas notas tomadas durante la sesión. Número de palabras: entre 150 y 180.

QUE LA GRIPE
NO CAMBIE TUS PLANES
Campaña de Vacunación contra la Gripe Estacional

Contagio: saliva, tos, estornudo.

Público destinatario: mayores de 60 años, grupos de riesgo.

Algunos grupos de riesgo:
- Enfermos con afecciones metabólicas, obesidad, anemia…
- Quienes convivan con personas de riesgo.
- Mujeres embarazadas.
- Personal sanitario.
- Trabajadores que realicen servicios esenciales: conductores de metro y autobús, bomberos, policías, medios de comunicación…

No deben vacunarse:
- Personas alérgicas a la vacuna.
- Personas que tienen fiebre en ese momento.

Fechas de vacunación: meses de octubre y noviembre.

Lugar: Centro de Salud. Con cita previa.

Protegerse de la gripe:
- Evitar cambios bruscos de temperatura.
- Protegerse del frío.
- Respirar por la nariz.
- No acudir a lugares con muchas personas y sin ventilación.
- No compartir objetos contaminados.

Adaptado de www.madrid.org

Redacte un texto en el que deberá:
- hacer una pequeña introducción sobre la importancia de la prevención de la gripe;
- explicar en qué consiste la campaña de vacunación, los grupos de riesgo y las contraindicaciones;
- recomendar la vacunación y dar consejos para evitar el contagio;
- contar casos concretos de algún efecto secundario.

Anote el tiempo que ha tardado:

Recuerde que solo dispone de **80 minutos**

PRUEBA 4  # Expresión e interacción orales

 20 min Tiempo disponible para las 3 tareas.

 20 min Tiempo disponible para la preparación de la intervención oral.

TAREA 1

Usted deberá hablar durante 3 o 4 minutos de las ventajas e inconvenientes de una serie de soluciones que se proponen para un determinado problema. Después, conversará con el entrevistador sobre el tema. Tiempo total, 6-7 minutos.

PROBLEMAS DE ALIMENTACIÓN

En el mundo hay un grave problema con la alimentación: según la ONU, más de 1300 millones de personas en el mundo padecen problemas de obesidad o sobrepeso, y las previsiones de la OCDE son que estos datos aumentarán un 10% hasta 2020. Además el problema es especialmente grave entre los niños de seis a doce años.

Expertos en alimentación se han reunido para discutir algunas medidas que ayuden a solucionar esta situación.

Lea las propuestas recogidas y explique las ventajas e inconvenientes de, como mínimo, cuatro de ellas.

Después de su monólogo conversará con el entrevistador sobre el tema y las propuestas.

En su exposición debe especificar por qué le parece una buena o mala solución esa propuesta, qué inconvenientes puede tener, a quién beneficia y a quién perjudica; si puede ocasionar otros problemas o si habría que precisar algo más.

Fuente: EL PAÍS

> Se deberían hacer campañas mundiales de prevención de la obesidad y el sobrepeso donde se expliquen los graves riesgos que tienen para la salud. La gente tiene que asumir su responsabilidad en los enormes gastos sanitarios que esto acarrea.

> Yo fomentaría el deporte y la vida activa en todas las edades: organizaría más torneos y competiciones deportivas con premios atractivos para los ganadores e incentivos para los participantes.

> Habría que invertir más dinero en investigación para descubrir fármacos que regulen la sensación de apetito y que no permitan la absorción de la grasa de los alimentos.

> Yo establecería normas en los comedores públicos, colegios, institutos, etc. Prohibiría la venta de bollería industrial y de bebidas con muchas calorías y restringiría la sal.

> Yo dejaría las cosas como están. La gente tiene que ser feliz y no puede estar todo el día obsesionada con las calorías y el peso. Cada uno es como es y hay que respetarlo. Esa obsesión puede derivar en anorexia.

> Yo haría leyes que no permitieran la fabricación de productos procesados que contuvieran grasas poco saludables, excesos de productos químicos y de sal... Lo mismo haría con los restaurantes de comida rápida.

EXPOSICIÓN
Ejemplo: *Yo estoy de acuerdo con la propuesta de fomentar el deporte en todas las edades porque…*

CONVERSACIÓN
Cuando el candidato termine su monólogo sobre las propuestas de la lámina (3 o 4 minutos), el entrevistador le hará algunas preguntas sobre el tema durante otros 3 minutos.
La duración total de esta prueba es de 6 a 7 minutos.

EJEMPLO DE PREGUNTAS DEL ENTREVISTADOR
Sobre las propuestas
- ¿Está de acuerdo con todas las propuestas? ¿Eliminaría o añadiría alguna?

Sobre su realidad
- ¿Considera que en su país hay problemas de alimentación como la obesidad y el sobrepeso? En caso afirmativo, ¿en qué edades es más apreciable el problema? ¿Se da por igual en hombres y en mujeres? ¿Se han tomado o se van a tomar medidas para resolverlo?

Sobre sus opiniones
- ¿Cree que la educación desde edades tempranas es importante? ¿Cree que esto debe ser una tarea de cada persona, de los padres, del Ministerio de Sanidad, del Gobierno…? ¿Qué haría si fuera médico, político o si tuviera hijos?

TAREA 2

Usted debe imaginar lo que está sucediendo en la fotografía y, a continuación, tiene que describirla durante 2 minutos aproximadamente, a partir de unas preguntas que se le ofrecen. Puede haber más de una respuesta.
Después, hablará con el entrevistador y expresará sus opiniones sobre ese tema.

UNA NOTICIA IMPACTANTE

Las personas que ve en la fotografía acaban de recibir una noticia impactante. Imagine qué ha podido ocurrir para que estas personas hayan reaccionado de esta manera y hable sobre ello durante 2 minutos aproximadamente. Puede centrarse en los siguientes aspectos:

- ¿Dónde cree que se encuentran estas personas? ¿Por qué piensa eso?
- ¿Cree que existe alguna relación entre ellas? ¿Por qué?
- Seleccione a dos o tres personas de la fotografía e imagine cómo son, dónde viven, a qué se dedican…
- ¿Qué cree que ha sucedido? ¿Por qué piensa eso?
- ¿Puede explicar, a partir de los gestos, los sentimientos y las emociones que están viviendo estas personas?
- ¿Qué cree que va a suceder después? ¿Cómo va a continuar la escena?

Después de la descripción, el entrevistador le hará algunas preguntas sobre el tema hasta completar el tiempo total de esta prueba, que es de 5-6 minutos.

EJEMPLOS DE PREGUNTAS DEL ENTREVISTADOR

- ¿Ha vivido alguna vez una situación impactante como la de la foto? ¿Puede contar qué sucedió, cómo se sintió, qué hizo después…?
- ¿Cree que la manifestación de las emociones en este tipo de situaciones es igual en todas las personas y en todas las culturas o cree que puede haber diferencias?

TAREA 3

Usted tiene que dar su opinión a partir de unos datos de noticias, encuestas, etc., que se le ofrecen (2-3 minutos). Después debe conversar con el entrevistador sobre esos datos, expresando su opinión al respecto.
Esta tarea no se prepara previamente.

ENCUESTA DE SALUD
Aquí tiene una encuesta sobre salud. Léala y responda a las preguntas:

1. ¿Cómo cree que es el estado general de salud de la gente de su país?
  ☐ Malo   ☐ Regular   ☐ Bueno   ☐ Muy bueno

2. ¿Qué porcentaje de población cree que ha sufrido dolores físicos durante el último mes?
  ☐ El 25%   ☐ El 50%   ☐ El 75%   ☐ El 100%

3. ¿Qué porcentaje de la población de su país cree que tiene el peso adecuado para su estatura y edad?
  ☐ El 25%   ☐ El 50%   ☐ El 75%   ☐ El 100%

4. ¿Cuántas personas piensa que fuman en su país?
  ☐ El 25%   ☐ El 50%   ☐ El 75%   ☐ El 100%

5. ¿Qué proporción de jóvenes de su país suele beber mucho alcohol al menos una vez al mes?
  ☐ El 25%   ☐ El 50%   ☐ El 75%   ☐ El 100%

A continuación compare sus respuestas con los resultados obtenidos en España en la misma encuesta.
- ¿En qué se parecen? ¿Hay alguna diferencia importante?
- ¿Quiere destacar algún aspecto? ¿Cree que hay otros indicadores que debería contener la encuesta? ¿Puede explicarlo?

– Siete de cada 10 españoles valoran su estado de salud como bueno o muy bueno.

– El 23,4% de la población de 75 y más años ha sufrido dolor físico severo en el último mes.

– Más de la mitad de las personas de 18 y más años está por encima del peso considerado como normal, mientras que el 8,4% de la población de 18 a 24 años tiene peso insuficiente.

– Uno de cada cuatro jóvenes de 16 a 24 años fuma a diario.

– El 20,6% de la población de 16 a 24 años bebe mucho alcohol al menos una vez al mes.

Fuente: Encuesta Europea de Salud. www.ine.es

TRABAJO, VIVIENDA, ECONOMÍA E INDUSTRIA

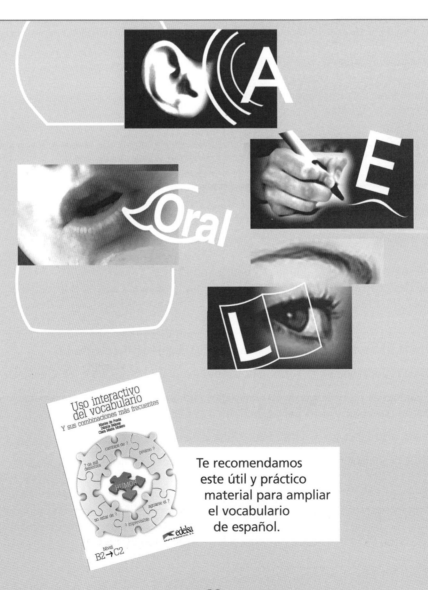

Te recomendamos
este útil y práctico
material para ampliar
el vocabulario
de español.

FICHA DE AYUDA
Para la expresión e interacción
escritas y orales

VOCABULARIO

TRABAJO

Anticipo (el) ....
Carta de recomendación (la) ....
Contrato indefinido (el) ....
- temporal ....
- basura ....
Dietas (las) ....
Desempleo (el) ....
Empresa de Trabajo Temporal (ETT) (la) ....
Flexibilidad horaria (la) ....
Ingresos (los) ....
Jornada laboral (la) ....
Jubilación (la) ....
Ocupación (la) ....
Retribución (la) ....

Verbos y expresiones
Cobrar un sueldo/una nómina ....
- una indemnización ....
Conseguir un puesto de trabajo ....
Contratar a alguien ....
Cotizar a la Seguridad Social ....
Ejercer una profesión ....
Estar de baja ....
- en el paro ....
Fichar ....
Hacer los papeles ....
Hacerse de oro ....
Jubilarse ....
Llamar para una entrevista ....
Negociar un contrato ....
Ocupar un puesto/cargo ....
Participar en un proceso de selección ....
Pedir un aumento ....
Perder el empleo ....
Renovar un contrato ....
Ser despedido ....
Tener referencias ....
Trabajar ....
- a tiempo completo/parcial ....
- por cuenta propia/ajena ....

VIVIENDA

Alojamiento (el) ....
Ático (el) ....
Bombilla (la) ....
Buhardilla (la) ....
Comunidad (de vecinos) (la) ....
Conserje (el) ....
Enchufe (el) ....
Gastos de comunidad (los) ....
Hogar (el) ....

VIVIENDA (continúa)

Interruptor (el) ....
Patio interior (el) ....
Plazos (los) ....
Portero (el) ....
Presupuesto de reforma (el) ....
Residencia (la) ....

Verbos y expresiones
Asomarse ....
Convivir ....
Dar a la calle ....
- de alta/baja un servicio ....
Estar bien/mal orientado ....
Estropearse ....
Hacer la mudanza ....
Limpiar a fondo ....
Pasar la aspiradora ....
- la fregona ....
Pintar a mano ....
Quitar el polvo ....
Recoger ....
Reformar un piso ....
Ser acogedor ....
Tener buena/mala distribución ....
Trasladarse ....

SERVICIOS URBANOS

Contenedor (el) ....
Establecimiento (el) ....
Marquesina (la) ....
Residuo (el) ....

ECONOMÍA E INDUSTRIA

Acciones (las) ....
Depósito (el) ....
Inversión (la) ....
Plan de pensiones (el) ....
Valores (los) ....

Verbos y expresiones
Ahorrar ....
Cobrar la pensión ....
Dar un tirón ....
Estar por las nubes ....
Hacer la declaración de la renta ....
Invertir ....
Pagar a plazos ....
- al contado ....
Prestar dinero ....
Solicitar un préstamo ....
Tener los pies en la tierra ....
- una deuda ....

70 min

Tiempo disponible
para las 4 tareas.

TAREA 1

A continuación va a leer un texto. Después, deberá contestar a las preguntas, 1-6, y seleccionar la respuesta correcta, a), b) o c).

CÓMO HACERSE MILLONARIO

El empresario estadounidense Robert Kiyosaki dice tener el secreto para que el dinero se multiplique. Y lo comparte con el mundo en un libro, Padre rico, padre pobre, superventas en su país durante casi seis años, donde ha resistido entre los cinco títulos más vendidos. Eso sí, sus enseñanzas se hallan a medio camino entre la economía y la autoayuda.

Andrea Aguilar

KIYOSAKI confiesa que, en su niñez, su familia era pobre. Él quería ser rico como sus compañeros de clase. Junto a su mejor amigo decidió hacer dinero por su cuenta. La fabricación de monedas fundiendo tubos de pasta de dentífrico, evidentemente, no tuvo éxito. Sin embargo, el padre de su amigo vio en aquella aventura de la pareja de escolares mucho potencial. Solo necesitaban una buena educación, de esa que no ofrecen las universidades ni las escuelas.

¿Cuál es la receta de Kiyosaki? Buscar inversiones que reporten beneficios en efectivo. Solo le interesan los cheques que llegan a su buzón. «A mí me gustan las cosas tangibles, terrenales. Yo quiero ver y tocar. Soy dueño de mis negocios». La cuantía de su fortuna sigue siendo un misterio. Asegura que oro, petróleo y mercado inmobiliario son la clave de su éxito.

Para Kiyosaki todo es cuestión de educación, pero no de brillantes expedientes académicos. Los profesores no pueden enseñar lo que no saben. «Bill Gates y Henry Ford dejaron la universidad. El sistema educativo es bueno para la formación de una persona, pero no lo es tanto para los negocios».

Una crisis puede ser un buen principio, si eres joven, para triunfar en las finanzas. Él la sufrió, «pero tuve tiempo de recuperarme y de aprender la lección». Ahora recuerda aquella época de pérdidas como algo francamente positivo. Su consejo para aquellos a quienes les salen mal las cosas o deben dinero: «Lo único que puedo decir es: "Ten fe, sé consciente de tus capacidades". Los que salgan adelante: no cometan los mismos errores».

¿Trabajar por cuenta ajena? Según Kiyosaki, no nos hará llegar lejos. Da igual que se trate de un abogado o de una cajera en un supermercado. El objetivo fundamental es hacer que el dinero trabaje para uno. «Hay que arriesgarse e invertir. Si te dan las cosas hechas no aprendes». Una importante lección que conviene aprender es la relativa al binomio socios-negocios. Kiyosaki es extremadamente cuidadoso al seleccionar a la gente con la que quiere hacer negocios. ¿Qué debe tener el socio ideal? «Lo primero es ver su historial, cuántos negocios ha sacado adelante. Luego, tienes que contratar a un abogado que vigile a tu abogado». Él está convencido de que todo el mundo puede hacerse rico. «Lo más importante es tu cabeza, es tu principal valor. Si no cambias tu manera de pensar, siempre serás pobre».

Adaptado de www.elpais.com

PREGUNTAS

1. En el texto se afirma que el libro de Kiyosaki...

   a) es el libro más vendido en los últimos seis años.
   b) puede ayudar a la gente a aumentar sus ingresos.
   c) está destinado a ayudar a los millonarios.

2. En el texto se indica que el negocio que hizo Kiyosaki con su compañero...

   a) fracasó porque trabajaron por su cuenta.
   b) valió la pena porque alguien se fijó en ellos.
   c) no salió bien porque no iban a la escuela.

3. En el texto se especifica sobre Kiyosaki que...

   a) no le gustan las tarjetas de crédito.
   b) parte de sus ingresos se debe a la compraventa de propiedades.
   c) prefiere los cheques al dinero en metálico.

4. En el texto se señala que, en opinión de Kiyosaki,...

   a) la educación formal no garantiza el triunfo en los negocios.
   b) los profesores no saben enseñar.
   c) un buen expediente académico no demuestra una buena educación.

5. En el texto se afirma que las dificultades económicas...

   a) pueden vencerse cuando se es joven.
   b) pueden contribuir al triunfo cuando se es joven.
   c) suelen deberse a una falta de confianza en las propias capacidades.

6. En el texto se indica que, para Kiyosaki,...

   a) tener un socio exige contratar a un abogado.
   b) tener una profesión cualificada permite llegar a ser rico.
   c) es imposible ser rico si se trabaja para otro.

Preparación Diploma de Español (Nivel B2)

TAREA 2

A continuación va a leer cuatro textos en los que cada persona habla sobre sus experiencias laborales. Después, tendrá que relacionar las preguntas, 7-16, con los textos, a), b), c) y d).

PREGUNTAS

	a) Javier	b) Merche	c) Josep	d) Mónica
7. ¿Quién afirma que su jefe llegó a ser ofensivo?				
8. ¿Quién cambió su actitud a partir de una serie de experiencias, alguna de las cuales afectó a su salud?				
9. ¿En qué texto se indica que el jefe de la persona entrevistada tenía poca confianza en sí mismo?				
10. ¿Cuál de los entrevistados señala que busca un desarrollo personal en su próximo trabajo?				
11. ¿Quién considera que sus jefes eran poco realistas y muy ambiciosos?				
12. ¿Quién dice que dio un cambio en la relación con sus empleados?				
13. ¿Quién cree plenamente en la profesionalidad de sus empleados?				
14. ¿Quién dice que presta atención a sus empleados, al mismo tiempo que les pide que cumplan con su trabajo?				
15. ¿Para quién es fundamental tener en cuenta el juicio y la actitud psicológica de sus potenciales empleados?				
16. ¿Quién juzga inapropiado vigilar a sus empleados?				

a) Javier

No hay nada más rentable que tratar bien a tus empleados, fomentando un ambiente laboral donde la gente pueda trabajar con alegría y pasión. No creemos en los horarios. Aquí nadie ficha. Nuestros colaboradores pueden trabajar desde casa y confiamos en ellos cuando nos dicen que están enfermos. No queremos esclavos, sino gente responsable y libre. Cuando controlas el horario de tu gente, pones de manifiesto que no confías en ellos. Parte de nuestro éxito es que solo contratamos a personas maduras emocionalmente, capaces de generar su propia motivación, que no esperan a que los demás las motiven y las hagan felices. El objetivo es que nuestros colaboradores no tengan ningún motivo para quejarse de sus condiciones laborales. Solo así pueden centrarse en dar lo mejor de sí mismos. Y lo cierto es que funciona: ahora, en plena crisis, sabemos que el bienestar de nuestras cuentas es directamente proporcional al bienestar emocional de nuestros empleados.

b) Merche

No hay nada peor que trabajar para una persona infeliz. Durante los últimos ocho años he tenido jefes bastante tóxicos. Recuerdo que en una ocasión estaba debatiendo con mi jefe un proyecto. Mi criterio profesional difería bastante del suyo, y me sentí en el deber de hacérselo ver… Empezó a gritarme, diciendo que él era el único que sabía cómo debían hacerse las cosas. Y que le importaba muy poco lo que yo pensara, pues mi función se limitaba a cumplir sus órdenes. Es decir, que en vez de razonar, se puso a la defensiva, convirtiendo nuestra conversación en un ataque personal. Su inseguridad le impedía confiar en los demás. Se limitaba a vigilarnos todo el día, disminuyendo nuestra creatividad y motivación. Esta actitud refleja una profunda ignorancia y falta de autoconocimiento. Considero que respetarme a mí misma implica no resignarme a soportar ciertas actitudes y conductas. Por eso he decidido trabajar por mi cuenta.

c) Josep

Empecé a ser jefe a los 33 años, con un equipo de unas 25 personas. Adopté la imagen, falsa, de un profesional estricto. Y como tenía jefes que esperaban resultados, yo trasladaba diariamente esa presión a los profesionales que tenía a mi cargo. Muchas veces me sentía incomprendido por ambas partes. Finalmente me abrí a la autenticidad, a la sinceridad. Empecé a comunicarme con transparencia y honestidad. Así fue como comencé a dedicar parte de mi tiempo a escuchar las necesidades de mi equipo, tratando de facilitarles su trabajo sin dejar de exigirles. Al demostrar un sincero interés por la mejora y el aprendizaje de mis colaboradores, recibí una respuesta sorprendente, traducida en mayor productividad. La profesionalidad en la coordinación de un equipo de trabajo no se aprende en un máster. Para ello es imprescindible aprender a liderarse a uno mismo. Y para lograrlo solo hay un camino: conocer tus buenos y tus malos momentos.

d) Mónica

He vivido la época del *superboom* de la construcción. Llegué a coordinar un equipo de 600 trabajadores y he sido la única mujer en un mundo dominado por hombres. Con el tiempo, mi profesión se convirtió en una fuente constante de estrés. Mis jefes eran bruscos e insolidarios. Trabajaba fuera de horario, pero no se reconocía mi esfuerzo. Y finalmente, en 2008 tuve un ataque de ansiedad. Sentí que me moría allí mismo. Cambié de empresa, pero me encontré con la misma situación: demasiados jefes insensibles que pedían resultados imposibles. Con la excusa de la crisis, empezaron los despidos masivos. Fue entonces cuando decidí que era yo quien debía controlar mi vida. Para las empresas somos simples números con los que conseguir aumentar las ganancias. Y entonces, ¿para qué darlo todo a una compañía a la que no importas nada? Ahora ya no busco un lugar donde fichar, sino un proyecto más grande donde realizarme como ser humano.

Adaptado de http://sociedad.elpais.com

Preparación Diploma de Español (Nivel B2)

TAREA 3

A continuación va a leer un texto del que se han extraído seis fragmentos. Después, lea los ocho fragmentos propuestos, a)-h), y decida en qué lugar del texto, 17-22, hay que colocar seis de ellos. Cuidado, hay dos fragmentos que no tiene que elegir.

CONTENEDORES DE **RECICLAJE** INTELIGENTES

Las nuevas tecnologías también se pueden aplicar al sector del reciclaje. Del mismo modo que hay marquesinas de autobús inteligentes o neveras inteligentes, que ofrecen muchos servicios aparte del más obvio y principal, ahora hay contenedores inteligentes. 17. _____.

El objetivo es mejorar las tasas de reciclado facilitando dicha labor a los ciudadanos e, incluso, motivar su uso (o penalizar a quien no recicle). Son contenedores con las últimas tecnologías.

Una de sus propiedades más sorprendentes es que están dotados de sistemas que conocen a la persona que recicla. 18. _____. Además dan dinero al reciclar, avisan cuando están llenos y mandan un mensaje a la empresa encargada de la gestión del contenedor. Estos contenedores compactan los residuos para que ocupen menos espacio, ofrecen sistemas adaptados a personas con discapacidad e, incluso, llegan a contar con pantallas en las que ofrecen información. Así, puedes reciclar y, al mismo tiempo, te entretienes navegando por Internet.

En Holanda, país famoso por su respeto al medio ambiente, han ubicado, en la ciudad de Groningen, unos contenedores muy especiales: solo se abren si identifican al usuario. 19. _____. Y es que los habitantes de Groningen pagan impuestos según la basura originada y reciclada, así que resulta más un control eco-nómico que ecológico. Los contenedores inteligentes llevan la cuenta e impiden el fraude. 20. _____.

Otros contenedores compactan la basura para permitir guardar más residuos. En Sant Cugat del Vallés (Barcelona) la empresa estadounidense BigBelly Solar instaló contenedores que realizan esta acción con la ayuda de la energía solar. Por su parte, la empresa gallega Formato Verde/TNL puso en Abu Dabi contenedores inteligentes subterráneos. 21. _____.

Hay contenedores que están adaptados a personas con discapacidad visual y motora. Tienen una altura menor, mayor ergonomía, facilidad de apertura y cierre más accesible; colores visibles e información en pictogramas y lenguaje braille. Se han implantado en ciudades como Barcelona, Santander o Móstoles (en Madrid).

Si los ciudadanos no separan de modo correcto los residuos, los sistemas de recuperación y reciclaje se vuelven ineficientes. 22. _____. En este sentido, las empresas Biouniversal y Telefónica han creado unos contenedores inteligentes que dan información a los responsables de la gestión sobre la cantidad depositada y los incidentes. Los operarios pasan a recoger el residuo cuando es necesario.

David Sanz
Adaptado de www.ecologiaverde.com

FRAGMENTOS

a)

El objetivo es doble: evitar un mal uso del contenedor y conocer a los ciudadanos que no reciclan.

b)

Lo malo es que, a veces, es el ser humano el que no tiene la suficiente inteligencia para usarlos.

c)

Además, cuentan con un sistema de clasificación de la basura y de cálculo del importe que debe pagarse al ayuntamiento.

d)

Saben, también, el tipo de residuo que arroja al contenedor.

e)

Sin embargo, una de sus propiedades más sorprendentes es que están dotados de sistemas que conocen a la persona que recicla.

f)

Esto ocurre en el reciclaje de aceite doméstico, especialmente difícil de gestionar sin la colaboración del ciudadano.

g)

El pago por residuo se impulsa en varios países, a través de la compensación mediante dinero o premios.

h)

Además de compactar la basura y no ocupar espacio en la calle, su conexión wifi informa al ayuntamiento cuando están llenos.

TAREA 4

A continuación va a leer un texto. Complete los huecos, 23-36, con la opción correcta, a), b) o c).

ENTRA EN MI VIDA

Di una vuelta por la casa sin saber qué hacer. La recorrí centímetro a centímetro como si fuese la última vez que la veía. Entré en el cuarto de Ángel y me quedé ____23____ los pósteres de motos. Los cuadernos ordenados encima del escritorio y las motos en miniatura sobre la estantería, el balón en un rincón, la colcha estirada. Ángel ____24____ a ser tan ordenado como nuestros padres. Ninguno de los tres podía resistir el impulso de ordenar las cosas, de recoger ____25____ estuviera por en medio, de colgar la ropa en perchas y doblar las camisas y los jerséis y meterlos en los cajones correspondientes. En el cuarto de baño las cosas de Ángel ____26____ encontrarse en perfecto estado de revista, mientras que las mías estaban tan revueltas que a veces las tenía delante y no las encontraba. ¿Y si no volvíamos a ver a Ángel? En la puerta había pintado una luna con cráteres; de mayor quería ser astrónomo, y yo había pensado ____27____ un telescopio para su cumpleaños. Por primera vez en medio de la tragedia pensaba de verdad ____28____ mi hermano. Ahora el pensamiento de que le hubiese ocurrido ____29____ malo, de que le atropellase un coche era tan grande que salía de la cabeza y ocupaba todas las habitaciones y se pegaba al papel pintado de las paredes, se metía por

todos los rincones y entre las páginas de los libros. Y no sabía si ____30____ algo tan terrible. Era imposible que nos ocurriese esta desgracia y me arrodillé para pedirle a Dios que nos devolviera a Ángel con sus piernas flacuchas y sus ganas de hacerme rabiar. Quería que ____31____ las tardes en que estábamos los dos en la cocina.

Sonó el teléfono. Era mi madre para preguntar ____32____ había aparecido el niño, y antes de que ____33____ contestar, colgó. Mi voz y mi respiración lo habían dicho todo.

Me asomé a la ventana. La oscuridad podría haberle confundido y encontrarse en calles completamente desconocidas. Podría haber echado a andar en dirección contraria y estar en otro barrio, y sin dinero para llamar por teléfono. ____34____ ni siquiera encontrara una cabina. Estaría asustado por el lío que se estaba montando por su culpa. Me senté en una silla con la espalda recta, respiré hondo y cerré los ojos con fuerza. Imaginé a Ángel y ____35____ pedí que se tranquilizara. Mira en las aceras a derecha e izquierda, busca una salida de metro. Si la ____36____ encontrado, métete dentro. En alguna pared tendrá que haber un plano. Busca la línea once. Creo que es verde. Ahí verás nuestra parada: Mirasierra.

Texto adaptado, Clara Sánchez

23.	a) mirar	b) mirado	c) mirando
24.	a) fue	b) iba	c) iría
25.	a) la que	b) el que	c) lo que
26.	a) habituaban	b) solían	c) acostumbraban
27.	a) regalarle	b) regalarlo	c) regalarse
28.	a) en	b) de	c) con
29.	a) algún	b) algo	c) nada
30.	a) soportara	b) soportaré	c) soportaría
31.	a) volviesen	b) volverían	c) volvieron
32.	a) que	b) si	c) por
33.	a) pudiera	b) podía	c) pudo
34.	a) Igual	b) Es posible	c) Quizá
35.	a) se	b) lo	c) le
36.	a) habrás	b) hayas	c) has

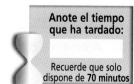

Anote el tiempo que ha tardado:

Recuerde que solo dispone de **70 minutos**

PRUEBA 2 |  **A** Comprensión auditiva

40 min
Tiempo disponible para las 5 tareas.

TAREA 1

CD I

Pista 7

A continuación va a escuchar seis conversaciones breves. Oirá cada conversación dos veces seguidas. Después, tendrá que seleccionar la opción correcta, a), b) o c), correspondiente a cada una de las preguntas, 1-6.
Dispone de 30 segundos para leer las preguntas.

PREGUNTAS

Conversación 1
1. En este diálogo se dice que…
   a) el hombre y la mujer se acaban de trasladar al piso para vivir en él.
   b) el chico va a limpiar el suelo con agua.
   c) a la mujer le parece bien ser ella la que limpie los baños y la cocina.

Conversación 2
2. Manolo le dice a su mujer que…
   a) le pase el enchufe.
   b) se ha roto el interruptor.
   c) le resulta muy difícil vivir con todos los gastos que tiene.

Conversación 3
3. Los novios…
   a) prefieren un piso luminoso y a buen precio.
   b) van a pintar a mano el piso que han elegido.
   c) deciden comprar un piso nuevo.

Conversación 4
4. En este diálogo…
   a) la mujer dice que va a ingresar en el banco unas ganancias que ha obtenido.
   b) la mujer quiere gastar el dinero que ha ido guardando.
   c) el hombre le dice a la mujer que le ayudarán todo lo que puedan.

Conversación 5
5. En esta conversación la mujer le dice al hombre que…
   a) tiene claro el arreglo que quiere hacer en su vivienda.
   b) el portero le enseñará el piso por la tarde.
   c) quiere que le hagan un cálculo del coste de la reforma.

Conversación 6
6. Matilde le dice a Paco que …
   a) va a ir a la Oficina de Empleo.
   b) ya tiene la edad para retirarse y cobrar la pensión.
   c) no va a tener que trabajar al aire libre.

Preparación Diploma de Español (Nivel B2)

TAREA 2

A continuación va a escuchar las opiniones de una persona que vive sola y de una directiva de una empresa de eventos para solteros o singles sobre el hecho de vivir solo. Después, indique si los enunciados, 7-12, se refieren a lo que dice Juan, a), Cristina, b), o ninguno de los dos, c). Escuchará la audición dos veces.
Dispone de 20 segundos para leer los enunciados.

PREGUNTAS

	a) Juan	b) Cristina	c) Ninguno de los dos
0. Vive solo por las circunstancias de la vida más que por haberlo elegido.	✓		
7. Sabe lo que es volver a crear un círculo de amigos cuando se es mayor.			
8. Con la crisis económica, los solteros salen menos que antes.			
9. Muchos alimentos se estropean cuando vives solo.			
10. Los *singles* suelen poner los pies sobre la mesa cuando llegan a casa.			
11. El vivir acompañado exige una mayor responsabilidad.			
12. La diferencia entre un *single* y un no *single* es que el primero tiene más tiempo libre.			

CD I

 Pista 9

TAREA 3

A continuación va a escuchar parte de una entrevista a un especialista en imagen pública que habla sobre etiqueta y protocolo en las comidas de negocios. Escuchará la entrevista dos veces. Después, conteste a las preguntas, 13-18. Seleccione la respuesta correcta, a), b) o c).
Dispone de 30 segundos para leer las preguntas.

PREGUNTAS

13. El entrevistado dice que...
    a) es interesantísimo ir a comidas de negocios.
    b) el invitar a comidas de negocios es hoy en día algo habitual.
    c) una comida de negocios es contraproducente para la imagen personal.

14. En la entrevista se dice que...
    a) en las comidas de negocios se socializa mucho.
    b) lo primero que necesitamos saber es qué objetivos profesionales tenemos.
    c) si lo que buscamos es hablar de trabajo, hay otras opciones mejores que la comida de negocios.

15. Álvaro Gordoa cuenta que...
    a) tras una comida de negocios no siempre se vuelve a la oficina.
    b) no debes tomar alcohol en un desayuno de negocios.
    c) el desayuno de trabajo tiene varias ventajas.

16. En el audio escuchamos que...
    a) una mujer puede elegir si bebe alcohol o no en las comidas de negocios.
    b) la decisión de tomar o no alcohol en las comidas de negocios depende de la mujer.
    c) las normas de buena educación en las comidas de negocios son para hombres y mujeres.

17. En esta entrevista se nos explica que...
    a) es de sentido común pagar a medias cuando te invitan a comer.
    b) la reserva, elegir el restaurante y demás lo hace el que invita.
    c) el invitado paga si saca la tarjeta y dice: «yo pago».

18. Álvaro dice que...
    a) si tienes una llamada urgente en el móvil, puedes atenderla si pides disculpas y te vas de la mesa.
    b) los mafiosos siempre usan un palillo en las comidas de negocios.
    c) en una comida de negocios siempre vamos al baño para llamar por teléfono, lavarse los dientes...

TAREA 4

A continuación va a escuchar a seis personas hablando sobre el tema del salario emocional. Escuchará a cada persona dos veces. Después, seleccione el enunciado, a)-j), que corresponde al tema del que habla cada persona, 19-24. Hay diez enunciados incluido el ejemplo. Seleccione únicamente seis.

Dispone de 20 segundos para leer los enunciados.
Escuche el ejemplo:
   Persona 0
   La opción correcta es el enunciado c.

ENUNCIADOS

a) No es bueno para la producción esperar hasta que tu superior se marche para dejar de trabajar.

b) Las ganas y el ánimo para trabajar bien hacen que el trabajador se sienta parte integrante de la empresa.

c) *Uno de los componentes del salario emocional es el de las relaciones personales.*

d) Muchas veces es difícil sentirse motivado, especialmente si no te pagan por algún trabajo.

e) El «menú cafetería» sirve para que los empleados no salgan a comer fuera de la empresa.

f) Prefiere que traten bien a los trabajadores que cobrar mucho dinero.

g) Le gustaría que le pagaran más si estuviera más tiempo en la empresa cada día.

h) Su empresa es como una ONG.

i) Hasta el momento actual, las horas extra en su empresa se las pagaban normalmente.

j) Según un estudio, hay algunas empresas españolas con buenas condiciones de trabajo.

	PERSONA	ENUNCIADO
	Persona 0	c)
19.	Persona 1	
20.	Persona 2	
21.	Persona 3	
22.	Persona 4	
23.	Persona 5	
24.	Persona 6	

CD I

Pista 11

TAREA 5

A continuación va a escuchar a un hombre que habla de cómo ha montado un comedor social gracias a la generosidad de otra persona. Escuchará la audición dos veces. Después, conteste a las preguntas, 25-30. Seleccione la respuesta correcta, a), b) o c).
Tiene 30 segundos para leer las preguntas.

PREGUNTAS

25. En este audio se dice que...
    a) Julio había telefoneado con anterioridad para contar su historia.
    b) Julio ha limpiado la churrería y así el dueño no le cobra alquiler.
    c) D. Alfonso ha cedido el local gratis gracias a que llevaba cerrado dos años y pico.

26. Julio dice que...
    a) el local está abierto en un complejo hotelero.
    b) el dueño de la churrería les presta el local sin pedir nada.
    c) los beneficiarios del comedor son 16 familias.

27. En la audición escuchamos que...
    a) Julio investigó entre los vecinos de su edificio la gente que iría al comedor.
    b) utilizan unas bandejas térmicas para calentar la comida en el hotel.
    c) D. Alfonso es suegro de un amigo de Julio.

28. Julio dice que...
    a) conoce mucho al dueño del local y sabe que es honesto y bueno.
    b) en el comedor social no tienen cocina.
    c) el dueño de la churrería tiene bastante dinero.

29. En este audio...
    a) Julio dice que hay una frutería que ayudará a principios de mes.
    b) nos cuentan que al día siguiente, en el comedor social, pondrán de desayuno café, Cola Cao y repostería.
    c) se dice que varios establecimientos ayudan a Julio a abastecerse de productos.

30. Julio...
    a) lleva menos de una semana con el comedor social abierto.
    b) suda mucho desde que abrió el comedor social.
    c) dice que esforzándonos un poco se consiguen grandes cosas.

Anote el tiempo que ha tardado:

Recuerde que solo dispone de **40 minutos**

Preparación Diploma de Español (Nivel B2)

PRUEBA 3 — Expresión e interacción escritas

80 min Tiempo disponible para las 2 tareas.

TAREA 1

En su barrio ha crecido mucho el desempleo entre distintos sectores de la población. Usted, preocupado por la situación laboral y familiar de muchos de sus vecinos, decide escribir una carta a la Concejalía de Familia y Bienestar Social. Usted cree que el ayuntamiento de su ciudad puede organizar distintos cursos de formación y grupos de apoyo que ofrezcan ayuda, tanto laboral y formativa como psicológica. Escriba una carta para publicarla en la página web de su ayuntamiento solicitando atención a este problema. En la carta debe:

- *presentarse;*
- *explicar las características de los distintos sectores en paro (edad, discapacitados, inmigrantes, gravedad de la situación);*
- *explicar las ventajas que tendrían los cursos y la creación de los grupos de apoyo para su barrio;*
- *proponer su grado de implicación personal en esta cuestión.*

Número de palabras: entre 150 y 180.

CD I
Pista 12

*Va a escuchar una noticia relacionada con **el impacto psicológico que tiene la pérdida del trabajo y las medidas que pueden ayudar a la persona que se encuentra en esta nueva situación.***

Instancia al ayuntamiento

CARACTERÍSTICAS

La instancia es un modelo de escrito en el que se combinan la exposición y la argumentación.

Es muy importante que los datos estén contrastados y que se aporten pruebas que apoyen los razonamientos.

1. Objetividad.
2. Exposición clara, ordenada.
3. Frases cortas.
4. Vocabulario conciso.
5. Estilo formal.
6. Evitar ataques personales o insultos.
7. Ofrecer alguna propuesta.
8. Claridad y corrección gramatical y ortográfica.

MODELO DE CARTA DIRIGIDA A UN ORGANISMO OFICIAL

TÍTULO IDENTIFICATIVO DEL PROBLEMA

ENCABEZAMIENTO
Ponemos Sr. seguido del apellido.
Si no sabemos el nombre: Estimado Sr., Muy Sr. mío.

¡¡¡RECUERDE!!!
Detrás del saludo se ponen siempre DOS PUNTOS.

*ABANDONO MEDIOAMBIENTAL
DEL DISTRITO ESTE DE LA CIUDAD*

Estimado Sr. García Roncal:

Le escribo desde el distrito este de la ciudad. El motivo de mi carta es poner en su conocimiento el abandono medioambiental que sufre la zona, una de las más deficitarias en infraestructuras y servicios.

PRESENTACIÓN Y EXPOSICIÓN DEL PROBLEMA
- La razón por la que me dirijo a ustedes es la siguiente:…
- Como máximo responsable del área de medio ambiente, le escribo para comunicarle la situación del barrio…

La recogida de basura en la zona no es diaria, a diferencia de lo que veo en otros barrios de la ciudad, donde los servicios de limpieza actúan todos los días. Lo mismo ocurre con los servicios de reciclaje. La gente colabora llevando envases, papel y cartón y vidrio a los contenedores, pero nadie pasa a recogerlos. Los sábados y domingos, como puede ver en las fotos que le adjunto, las botellas y los plásticos se quedan en la calle, en medio de la acera, dificultando el paso, o acaban en la basura, con lo que el esfuerzo del ciudadano no sirve para nada.

MENCIONAR EL MAYOR NÚMERO DE DATOS POSIBLE
Aportar pruebas para la reclamación ayuda a delimitar el problema.

DESARROLLO DE LA INFORMACIÓN
- La zona se encuentra en un estado de total abandono…
- Las aceras no se limpian diariamente…
- Los jardines no tienen los cuidados necesarios y las plantas están secas…

Creo que el ayuntamiento ha de responder a la labor del ciudadano con la misma diligencia que este demuestra. De lo contrario, corremos el peligro de que los vecinos dejen de colaborar ante el lamentable estado de suciedad de nuestras calles y el escaso interés y falta de participación de los servicios de limpieza.

Atentamente,
Luis Fernández Cuesta

CONVENCER DE LA NECESIDAD DE TOMAR MEDIDAS
- Avisar de las consecuencias del problema si este no se resuelve.

IDENTIFICACIÓN

TAREA 2

Elija solo una de las dos opciones que se le ofrecen a continuación:

OPCIÓN 1

Usted colabora con el departamento de trabajo de su distrito y le han pedido que escriba un informe sobre las principales dificultades que tienen las personas que se trasladan a otro país en busca de empleo. En él debe incluir y analizar la información que se ofrece en el siguiente gráfico.
Número de palabras: entre 150 y 180.

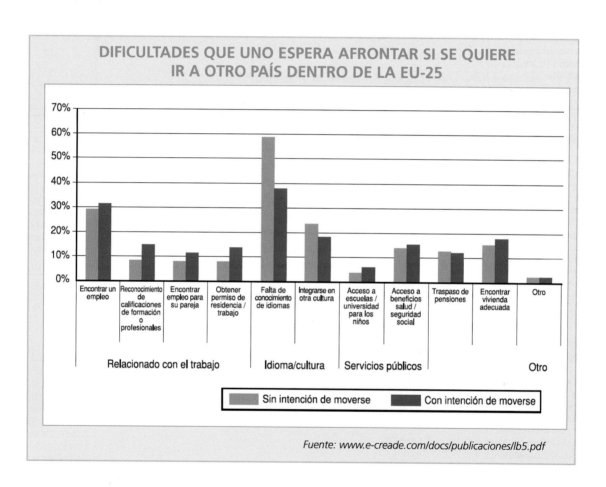

Fuente: www.e-creade.com/docs/publicaciones/lb5.pdf

Redacte un texto en el que deberá:
- hacer referencia a las principales dificultades de adaptación que tienen las personas que se trasladan a otro país;
- comparar de forma general los porcentajes de los dos grupos del estudio;
- resaltar los datos que considere más relevantes;
- expresar su opinión sobre la información recogida en el gráfico;
- recoger en una conclusión las recomendaciones que pueden darse a quienes decidan emigrar en busca de empleo.

OPCIÓN 2

Usted debe dar una serie de recomendaciones sobre seguridad a un grupo de turistas que van a viajar a un país que usted conoce bien. Para ello cuenta con su experiencia y con una pequeña información que ha tomado de un blog:

¿Cómo podemos prevenir un robo? ¿Cómo actuar si nos roban?

Por la calle, en el autobús o en sitios muy transitados, vigila tus pertenencias. Lleva el bolso cerrado, pegado a ti y visible en todo momento; la cartera, en un lugar seguro. En un bar, cafetería o parque, no dejes el bolso donde cualquiera te lo pueda quitar. Si caminas por la calle, ve pegado a la pared y con el bolso en ese lado; a la hora de darte un tirón, será más difícil que el ladrón escape.

Deberías memorizar los siguientes teléfonos, o al menos tenerlos apuntados en tu móvil, para que las autoridades actúen con mayor diligencia y efectividad en caso de robo:

- 091: para llamar a la Policía Nacional;
- 062: para llamar a la Guardia Civil (sobre todo si ha ocurrido en un lugar que no disponga de comisaría de Policía);
- 112: Emergencias.

Si el robo se ha producido por la calle, aunque haya sido sin darnos cuenta, la policía recomienda denunciarlo siempre para facilitar cualquier tipo de detención. Además, lo que se suele robar con más facilidad (móviles, ordenadores, etc.) tiene un número de serie que puede facilitar, en caso de conocerlos, su posible recuperación. El IMEI de un teléfono es único, y se puede averiguar fácilmente pulsando la siguiente combinación en el mismo terminal *#06#.

Asimismo, las joyas y otros objetos de valor pueden ser identificados si dispones de fotografías de los mismos. Si estás de vacaciones en algún lugar y el robo se produce en tu habitación de hotel, debes saber que se considera como si te hubiesen robado en tu domicilio.

Elabore y redacte en un registro formal un texto informativo destinado al grupo de turistas antes mencionado. En él deberá:
- hacer una pequeña introducción sobre la importancia de tomar medidas de seguridad durante el viaje;
- dar consejos y recomendaciones para prevenir los robos;
- dar instrucciones para actuar en caso de hurto;
- contar algún caso concreto de robo que usted haya conocido o presenciado y advertir de las desagradables consecuencias que este hecho puede tener durante el resto del viaje.

Anote el tiempo que ha tardado:

Recuerde que solo dispone de **80 minutos**

PRUEBA 4  Expresión e interacción orales

20 min Tiempo disponible para las 3 tareas.

20 min Tiempo disponible para la preparación de la intervención oral.

TAREA 1

Usted deberá hablar durante 3 o 4 minutos de las ventajas e inconvenientes de una serie de soluciones que se proponen para un determinado problema. Después, conversará con el entrevistador sobre el tema. Tiempo total, 6-7 minutos.

PROBLEMAS DE LA VIVIENDA

El derecho universal a una vivienda, digna y adecuada, aparece recogido en la Declaración Universal de los Derechos Humanos en su artículo 25; sin embargo, este derecho se ve afectado en todo el mundo por numerosos factores: altos precios, problemas de financiación, desempleo, bajos salarios...

Expertos en vivienda se han reunido para discutir algunas medidas que ayuden a solucionar esta situación.

Lea las propuestas recogidas y explique las ventajas e inconvenientes de, como mínimo, cuatro de ellas.

Después de su monólogo conversará con el entrevistador sobre el tema y las propuestas.

En su exposición debe especificar por qué le parece una buena o mala solución esa propuesta, qué inconvenientes puede tener, a quién beneficia y a quién perjudica; si puede ocasionar otros problemas o si habría que precisar algo más...

> Tener una vivienda digna y a un precio asequible es un derecho fundamental. Por ello, los políticos de cada país deberían aprobar leyes que ayuden a las personas sin recursos, ofreciéndoles viviendas protegidas o alquileres a bajo precio.

> Se debe evitar el excesivo proteccionismo de los gobiernos. Una vivienda es un bien privado y una inversión. Lo mejor es que los familiares se ayuden entre sí para adquirirla.

> Es preferible alquilar una casa o un piso que comprarlo. Con la crisis se ha demostrado que los precios de los pisos pueden bajar, por lo que no son una inversión fiable. Además, vivir de alquiler da más flexibilidad a tu vida.

> Alquilar un piso es tirar el dinero. Con una entrada y unos plazos mensuales a lo largo de tu vida laboral, al final tienes un piso en propiedad. Es un seguro de vida para tu jubilación y para el futuro de tus hijos.

> Los jóvenes tienen graves dificultades para acceder a la vivienda por su elevado precio, la falta de trabajo, los bajos salarios y la falta de estabilidad en sus empleos. Todo ello retrasa su independencia y les impide desarrollar su proyecto de vida. Es una pena.

> Algunas soluciones al problema actual de la vivienda podrían ser: compartir piso, construir casas más pequeñas y asequibles para personas que viven solas; volver al campo donde la vida es más humana y barata, bajar el precio del suelo, evitar la especulación...

EXPOSICIÓN

Ejemplo: *Yo estoy de acuerdo con la propuesta de alquilar en vez de comprar porque...*

CONVERSACIÓN

Cuando el candidato termine su monólogo sobre las propuestas de la lámina (3 o 4 minutos), el entrevistador le hará algunas preguntas sobre el tema durante otros 3 minutos.
La duración total de esta prueba es de 6 a 7 minutos.

EJEMPLO DE PREGUNTAS DEL ENTREVISTADOR

Sobre las propuestas
- ¿Está de acuerdo con todas las propuestas? ¿Eliminaría o añadiría alguna?

Sobre su realidad
- ¿Considera que en su país hay problemas para acceder a una vivienda? En caso afirmativo, ¿cuáles son?, ¿en qué sectores sociales es más apreciable el problema?, ¿se han tomado o se van a tomar medidas para resolverlo?
- ¿Cuál es el tipo de vivienda media en su país: casa, piso, apartamento; en la ciudad, en las afueras, en el campo; superficie; número de habitaciones...?

Sobre sus opiniones
- ¿Cuál es su opinión sobre este tema? ¿Cree que este es un asunto particular o piensa que es un problema social? ¿Si fuera político tomaría alguna medida concreta para resolver el problema de la vivienda?
- ¿Puede describir su casa ideal? ¿Lugar, tipo de vivienda, superficie, distribución?

TAREA 2

Usted debe imaginar la situación que se está produciendo en la fotografía y, a continuación, tiene que describirla durante 2 minutos aproximadamente, a partir de unas preguntas que se le ofrecen. Puede haber más de una respuesta.
Después, hablará con el entrevistador y expresará sus opiniones sobre ese tema.

UNA ENTREVISTA DE TRABAJO

Las personas que ve en la fotografía están esperando para realizar una entrevista de trabajo. Tiene que describir la escena que ve y hablar sobre ella durante 2 minutos aproximadamente. Puede centrarse en los siguientes aspectos:

- ¿Dónde cree que se encuentran estas personas? ¿Qué tipo de empleo es el que buscan? ¿Por qué piensa eso?
- ¿Tienen algo en común? ¿Ve diferencias entre ellos en su postura, en la forma de vestir, en su actitud…?
- Seleccione dos o tres personas de la fotografía e imagine cómo son, dónde viven, a qué se dedican, por qué están ahí, cuál es su situación personal, qué expectativas tienen…
- ¿Qué cree que va a suceder en las entrevistas? En su opinión, ¿cuál de ellos va a obtener el empleo?

Después de la descripción, el entrevistador le hará algunas preguntas sobre el tema hasta completar el tiempo total de esta prueba, que es de 5-6 minutos.

EJEMPLOS DE PREGUNTAS DEL ENTREVISTADOR

- ¿Ha vivido alguna vez una situación como la de la foto? En caso afirmativo, ¿puede contar qué sucedió, cómo se sintió, qué pasó después…?
- ¿Le han dado alguna recomendación para las entrevistas de trabajo?
- ¿Qué es lo más importante, en su opinión, para tener éxito en una situación como esta?

TAREA 3

Usted tiene que dar su opinión a partir de unos datos de noticias, encuestas, etc., que se le ofrecen (2-3 minutos). Después, debe conversar con el entrevistador sobre esos datos, expresando su opinión al respecto.
Esta tarea no se prepara previamente.

ENCUESTA SOBRE CALIDAD DE VIDA

Aquí tiene una encuesta sobre distintos aspectos que influyen en su calidad de vida. Léala y explique el grado de importancia que tiene cada uno de ellos para usted:

	Muy importante	Bastante importante	Algo importante	Poco importante	Nada importante	NS/NC
El trabajo						
La familia						
La política						
El bienestar económico						
El tiempo libre/ocio						
La salud						
Los/as amigos/as						
La religión						
Las relaciones de pareja						

A continuación compare sus respuestas con los resultados obtenidos en España en la misma encuesta. (Los aspectos más relevantes están marcados con una flecha).
- ¿En qué se parecen? ¿Hay alguna diferencia importante?
- ¿Quiere destacar algún aspecto? ¿Cree que hay otros indicadores que debería contener la encuesta? ¿Puede explicarlo?

Diferentes aspectos vitales según la valoración dada por la poblacion española
Enero de 2012 (% población)

	Muy importante	Bastante importante	Algo importante	Poco importante	Nada importante	NS/NC
El trabajo	➡ 67,9	26,2	1,9	1,5	1,7	0,8
La familia	➡ 85,2	13,7	0,5	0,3	0,2	0,1
La política	7,2	19,1	17,5	31,8	➡ 23,5	1,0
El bienestar económico	45,4	➡ 48,8	4,0	1,3	0,2	0,4
El tiempo libre/ocio	32,7	➡ 50,4	11,1	4,5	0,7	0,7
La salud	➡ 88,9	9,8	1,0	0,1	-	0,2
Los/as amigos/as	41,3	➡ 46,5	8,7	2,7	0,5	0,4
La religión	9,2	18,2	16,8	➡ 28,4	26,5	0,9
Las relaciones de pareja	➡ 52,1	36,5	5,0	3,0	2,3	1,2

Fuente: Centro de Investigaciones Sociológicas (CIS)

Fuente: www.ine.es

Preparación Diploma de Español (Nivel B2)

EDUCACIÓN, CIENCIA Y TECNOLOGÍA

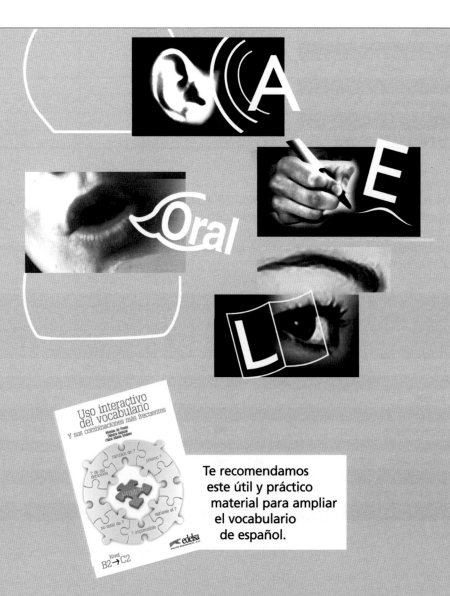

Te recomendamos
este útil y práctico
material para ampliar
el vocabulario
de español.

VOCABULARIO

FICHA DE AYUDA
Para la expresión e interacción
escritas y orales

EDUCACIÓN

Analfabetismo (el) ....
Asignatura (la) ....
Autoestima (la) ....
Autoevaluación (la) ....
Bachillerato (el) ....
Beca (la) ....
Cañón (el) ....
Catedrático/a (el/la) ....
Celo (el) ....
Cognitivo/a ....
Competencias (las) ....
Competitividad (la) ....
Congreso (el) ....
Docente (el/la) ....
Doctorado (el) ....
Enfoque (el) ....
Evaluación (la) ....
Formación profesional (la) ....
Graduado escolar (el) ....
Habilidades (las) ....
Jefe de estudios (el) ....
Licenciatura (la) ....
Metodología (la) ....
Nota final (la) ....
Pegamento (el) ....
Prueba de Acceso a la Universidad (la) ....
Prueba de nivel (la) ....
Rector/-a (el/la) ....
Resultados (los) ....
Rotulador (el) ....
Seminario (el) ....
Taller (el) ....
Tutoría (la) ....

Verbos y expresiones

Aprobar
Catear
Conseguir una beca
Estar castigado/a ....
Examinar(se) ....
Fumarse las clases
No dar palo al agua
Obtener créditos ....
Pasar lista ....
Preparar(se) un examen ....
Quedarse en blanco ....
Sacar buenas/malas notas ....
Suspender ....
Tener un buen/mal expediente ....

CIENCIA Y TECNOLOGÍA

Altura (la) ....
Anchura (la) ....
Archivo (el) ....
Átomo (el) ....
Avance científico (el) ....
Avatar (el) ....
Bacteria (la) ....
Capacidad (la) ....
Científico/a ....
Cósmico/a ....
Cursor (el) ....
Elemento químico (el) ....
Emisiones (las) ....
Espesor (el) ....
Fórmula (la) ....
Gaseoso/a ....
Gasolina (la) ....
Genético/a ....
Hueso (el) ....
Índice (el) ....
Inteligencia artificial (la) ....
Líquido/a ....
Longitud (la) ....
Microscopio (el) ....
Molécula (la) ....
Mundo virtual (el) ....
Músculo (el) ....
Mutaciones genéticas (las) ....
Neurona (la) ....
Pantalla (la) ....
Partícula (la) ....
Porcentaje (el) ....
Procesador de textos (el) ....
Rayo (el) ....
Simulación (la) ....
Sólido/a ....
Teclado (el) ....
Termómetro (el) ....
Virus (el) ....
Volumen (el) ....

Verbos y expresiones

Bloquearse ....
Demostrar ....
Desarrollar ....
Echar un vistazo ....
Formatear ....
Fuga de cerebros ....
Investigar ....
Maximizar ....
Minimizar ....
Ocurrírsele algo (a alguien) ....

70 min

Tiempo disponible
para las 4 tareas.

TAREA 1

A continuación va a leer un texto. Después, deberá contestar a las preguntas, 1-6, y seleccionar la respuesta correcta, a), b) o c).

MENTES MARAVILLOSAS

Eduardo Punset

Algo significa admitir la hipótesis demostrada por el psicólogo de la Universidad de Harvard Steven Pinker, a quien conocí hace muchos años, cuando pocos le discutían la primacía en el análisis de los procesos cognitivos y lingüísticos. Ahora está inmerso en desvelar lo que demasiados se empeñaban en ocultar: contra todo pronóstico, están descendiendo mundialmente los índices de violencia y aumentando los de altruismo.

La gran mayoría de historiadores y arqueólogos nos cuentan que hace unos 10 000 años, cuando nuestros antepasados eran nómadas y cazadores, el mundo era mucho mejor; quiero decir, mucho mejor que después de establecerse en un terreno e inventar el Estado. El cultivo del campo y el sedentarismo agrícola habrían provocado penas sin fin, si lo comparamos con el libre deambular del ser humano.

Sin embargo, no solo no se ha podido comprobar esta tesis, sino que se acaba de demostrar todo lo contrario. La probabilidad de que los hombres perdieran la vida a manos de sus semejantes oscilaba en torno al 50%. De haber continuado esa proporción de muertes en el siglo xx, nos habríamos encontrado con 2 000 millones de víctimas, en lugar de los cien millones registrados.

Si en vez de contar las muertes por causas bélicas se compara el declinar de las tasas de homicidio en el tiempo, la impresión de mejora resulta innegable. El índice de asesinados en la Edad Media era de unos cien por cada 100 000 habitantes; en los años 70 y 80 del siglo pasado esa relación había caído a diez, y a unos cinco a partir del año 2000. Por no hablar del cambio favorable en las costumbres, como la disminución, primero, y supresión, después, de la tortura, las penas de muerte por criticar a los reyes o la crueldad hacia los animales por entretenimiento.

La pregunta que surge es por qué tanta gente se equivoca al valorar la dimensión violenta de nuestro pasado. Solo tres respuestas dan sentido al hecho de que el ser humano acabara harto de tanta crueldad. La primera es que la tecnología posibilitó que el mundo no se dividiera entre quienes no tenían nada y los que poseían todo. La segunda es que la prolongación de la esperanza de vida disminuyó la agresividad característica de un mundo cruel, donde antes de los 30 años lo más probable era que te comiera una leona.

He guardado para el final la razón más decisiva y difícil de creer. Frente a todas las evidencias, la historia de la evolución demuestra que el círculo familiar restringido en el que se ejerce el altruismo se amplía con el paso del tiempo de forma ininterrumpida. Vivimos en un mundo cada vez más empático. Y por eso están condenados al fracaso los que siguen defendiendo y practicando la violencia.

Adaptado de E. Punset, «En ausencia de violencia».
Muy interesante, n.º 363

PREGUNTAS

1. En el texto se afirma que los científicos…
   a) pronosticaban que el mundo sería cada vez menos violento.
   b) no están de acuerdo con las tesis de Pinker.
   c) se han equivocado en sus hipótesis sobre la violencia.

2. En el texto se señala que antes los historiadores…
   a) decían que el abandono de la vida nómada había dificultado la vida de la gente.
   b) opinaban que la creación del estado mejoró la vida del ser humano.
   c) afirmaban que la vida nómada era mejor que la actual.

3. En el texto se afirma que…
   a) un 50% de personas morían por causas naturales hace 10 000 años.
   b) la proporción de muertes en el siglo xx se redujo a la mitad respecto a las cifras de hace 10 000 años.
   c) el número de víctimas de la violencia en la actualidad es muy inferior al de épocas pasadas.

4. En el texto se señala que…
   a) los asesinatos en la Edad Media llegaban a un diez por ciento.
   b) la tortura se suprimió en la historia antes que la pena de muerte.
   c) la mejora en los hábitos ha influido en el descenso de la violencia.

5. Según el texto,…
   a) los avances técnicos favorecieron un reparto de la riqueza.
   b) cuanto mayor es una persona, menos violenta es.
   c) la mayoría de las muertes se producían por ataques de animales.

6. En el texto se indica que…
   a) el círculo familiar es cada vez más amplio.
   b) cada vez es mayor en el ser humano la generosidad.
   c) la generosidad es mayor fuera del círculo familiar que entre la familia.

TAREA 2

A continuación va a leer cuatro textos en los que cada persona habla sobre sus experiencias laborales. Después, tendrá que relacionar las preguntas, 7-16, con los textos, a), b), c) y d).

PREGUNTAS

	a) Miguel	b) Lucía	c) María	d) Silvia
7. ¿Quién afirma que lleva poco tiempo trabajando?				
8. ¿Quién considera muy motivador ver el efecto de su trabajo en los estudiantes?				
9. ¿Para quién ha sido muy entretenida la actividad de observar clases?				
10. ¿Cuál de los entrevistados indica que siente más seguridad por enseñar su lengua materna?				
11. ¿Quién señala que el tipo de enseñanza le pareció raro y curioso en un primer momento?				
12. ¿Quién dice que la observación de las clases le ayudó a desarrollar su imaginación?				
13. ¿Quién menciona que empezó a trabajar gracias al curso que hizo en la academia?				
14. ¿Quién considera que las equivocaciones son muy importantes para aprender?				
15. ¿A quién le influye la actitud de los alumnos en su estado de ánimo al dar la clase?				
16. ¿Quién indica explícitamente que el curso presenta un buen equilibrio entre la enseñanza de contenidos y la experiencia de clase?				

a) Miguel

Estoy muy agradecido a las personas de esta academia. Con ellas he tenido la oportunidad de colaborar en múltiples ocasiones a lo largo de mi corta carrera. Esta academia marcó el principio de mi camino profesional y supuso una muy buena base formativa que, con experiencia, sigo completando día a día. Aquí me acerqué por primera vez a la enseñanza de manera real y esto me abrió las puertas a nivel laboral, pues comencé a trabajar inmediatamente como profesor de español. El estilo de enseñanza, divertido y muy eficaz, me sirvió de gran ayuda para superar el concurso-oposición por el que hoy soy profesor de Secundaria. Su enfoque, comunicativo y moderno, sorprende al principio por su novedad, pero cuando se aplica en el aula, lo que no deja nunca de sorprender a profesores y alumnos es el resultado.

b) Lucía

Hice este curso porque me interesaba mucho la enseñanza de español para extranjeros, pero no tenía formación ni experiencia. La parte teórica del curso me proporcionó los conocimientos que todo profesor necesita. Sin embargo, la parte más interesante fue la práctica, en la que dimos clases a un grupo de alumnos. Es muy agradable ver cómo gracias a ti aprenden y avanzan en sus conocimientos. En esta parte, además de superar las típicas inseguridades y entrar en contacto directo con la realidad de la enseñanza, se ponen en práctica los conocimientos metodológicos. Me parecieron especialmente útiles los comentarios que tras cada clase realizaban el profesor y los compañeros, pues me ayudaron a mejorar. Esto también se consigue observando las clases de los demás, que, por cierto, no es nada aburrido, al contrario: ¡divertidísimo!

c) María

Siempre he querido ser profesora, pero tenía pánico a hablar en público. Gracias a las clases prácticas de este curso adquirí la confianza necesaria no solo para ponerme al frente de una clase y controlarla, sino también para organizar y elaborar mi propio plan de clase. Al principio, en las primeras clases prácticas con los alumnos estaba un poco nerviosa, pero poco a poco me fui relajando y sintiéndome cada vez más cómoda. Primero, porque al ser nativa estás más segura de ti misma; segundo, porque los alumnos que estudian español están muy interesados en el idioma y en la cultura; y por último, porque recibes un gran apoyo por parte de tus compañeros y profesores. El ambiente del curso es fantástico y el hecho de ver a tus compañeros dar clase te da muchas ideas, a la vez que estimula tu capacidad creativa para desarrollar tus propias actividades.

d) Silvia

Una de las cosas que más me gustó del curso es que ofrece una combinación perfecta de teoría y práctica. El curso me proporcionó una excelente formación y me permitió familiarizarme con los diferentes manuales de español para extranjeros. En cuanto a la parte práctica, la experiencia de tener un grupo de estudiantes real me asustó al principio, pero poco a poco se convirtió en un hábito y me ayudó mucho a organizar una clase, teniendo en cuenta el tiempo, nivel y número de alumnos. Gracias a este curso he podido tener la seguridad de enfrentarme al proceso de enseñanza y he aprendido mucho de mis errores, lo que me ha dado una seguridad sin la cual se hace todavía más difícil la búsqueda de empleo. En general, disfruté mucho haciendo el curso, sobre todo porque creo que la idea de enseñar español de una manera inductiva, fuera de la habitual, es la mejor para aprender un idioma.

Adaptado de www.shm.edu/

TAREA 3

A continuación va a leer un texto del que se han extraído seis fragmentos. Después, lea los ocho fragmentos propuestos, a)-h), y decida en qué lugar del texto, 17-22, hay que colocar seis de ellos. Cuidado, hay dos fragmentos que no tiene que elegir.

Alimentación	Salud	Seguridad alimentaria	Bebé	M. Ambiente	Mascotas	Solidaridad	Economía	Tecnología

Medio ambiente: Naturaleza| Energía y ciencia| Medio ambiente urbano| GUÍA PRÁCTICA: Parques Naturales

Portada > Medio ambiente > **Energía y ciencia** 🖨 ✉ 🔗 :) 👍 +1 🐦 **Tweet** 15 **f** Me gusta 13

VEHÍCULOS ELÉCTRICOS E HÍBRIDOS

Los vehículos eléctricos se consideran el futuro de la automoción por sus ventajas económicas y ambientales. El coste de la electricidad para alimentar sus baterías es menor que el de los combustibles fósiles y la diferencia se acentuará más en los próximos años. El petróleo será cada vez más caro y escaso. **17.** _____.

En circulación, los vehículos eléctricos no producen emisiones contaminantes ni gases de efecto invernadero implicados en el cambio climático, como el CO_2. En España, el Plan Movele intentó impulsar la compra de vehículos eléctricos. **18.** _____. Algunos de ellos son: el tiempo, se necesitan varias horas para recargarlos, su pequeña autonomía o un coste mayor en comparación con los de combustible. Su generalización dependerá de aspectos como el avance de la tecnología de las baterías y la implantación de *electrolineras* o puntos de recarga a lo largo de la red de carreteras y zonas urbanas. **19.** _____.

La bicicleta es el medio de transporte más ecológico, sano y sostenible, pues no necesita combustibles fósiles. Además, reduce la contaminación acústica, mejora la salud, tanto de las personas como de las ciudades, y ahorra tiempo y dinero. **20.** _____. Estas cuentan con modelos cada vez más económicos. La tecnología también ayuda a su avance, como el *pedelec* o bicicleta asistida eléctrica: cuando detecta que al usuario le cuesta pedalear, le ayuda con su batería. Otra posibilidad que se prueba de forma experimental es una gasolina a partir del aire. La idea consiste en transformar el CO_2 y el hidrógeno del vapor de agua en una especie de gasolina más limpia que la derivada del petróleo. Otros investigadores proponen extraer el CO_2 del agua de mar, que tiene mayor concentración que el aire. Sin embargo, son en ambos casos soluciones para contingencias, pero no una solución a gran escala.

21. _____. Si este no emite gases contaminantes, contribuye a la calidad del aire del lugar en el que se mueve. Sin embargo, en un sentido estricto del término, se tendría que pensar en todo el ciclo de vida del vehículo, desde que se extraen las materias primas para su fabricación hasta que se convierte en un residuo. **22.** _____. Algunas de estas fases tienen un impacto mucho mayor en el medio ambiente que el momento de circulación del vehículo.

Adaptado de www.consumer.es/

FRAGMENTOS

a)

Algunos expertos señalan al hidrógeno como el verdadero futuro de la automoción e, incluso, de la economía mundial.

b)

Sin embargo, todavía tienen que mejorar para llegar a ser competitivos y superar sus actuales inconvenientes.

c)

El concepto *sin emisiones contaminantes* es relativo. La tendencia es a utilizarlo para el momento en que el vehículo circula.

d)

Las personas que no se encuentran en forma o que quieren aumentar la distancia recorrida disponen de las bicicletas eléctricas.

e)

No es lo mismo que la energía provenga de una central térmica de carbón que de una instalación de energía solar.

f)

Es un gas que no contamina, aunque su capacidad de liberación de energía lo convierte en un gas muy inflamable.

g)

También será fundamental el impulso institucional y empresarial (con iniciativas como el alquiler de coches eléctricos) o la concienciación ciudadana.

h)

En cambio, la electricidad resultará más barata y ecológica gracias a fuentes renovables como la energía solar.

TAREA 4

Lea el texto y rellene los huecos, 23-36, con la opción correcta, a), b) o c).

INVITACIÓN A UN ASESINATO

Supongo que a una persona más hábil que yo en esto de poner por escrito sus recuerdos, jamás se le ocurriría elegir como título para uno de sus capítulos uno como el que acabo de teclear. ____23____, he aquí una de las ventajas de no escribir para la posteridad o la gloria. «Historia de una dedicatoria» suena fatal pero sirve muy bien ____24____ encabezar lo que quiero narrar a continuación. La escena comienza en el mismo decorado que el capítulo anterior, esto es, en el salón del *Sparkling Cyanide*, minutos después de que desembarcara la Guardia Civil. Y lo primero que ____25____ entonces fue que todos los allí presentes desenfundaron sus teléfonos móviles en perfecta sincronía y se los llevaron a la oreja. Esto es algo que tengo muy observado últimamente. ____26____ se produce algo fuera de lo común, ya sea un fenómeno meteorológico, un accidente o cualquier otro hecho extraordinario, la gente ya no se vuelve hacia la persona que tiene más cerca para comentar lo ocurrido como se hacía ____27____ el mundo es mundo, sino que tira de móvil para llamar a su madre, a su tía o a quien sea y dar el parte. Así pasó también ese día. ____28____ un buen rato, todos nos dedicamos a caminar uno detrás de otro, a lo largo del perímetro del salón, parlamentando con alguien. Según pude observar también en este caso, tras una primera llamada a su persona más cercana para contarle lo del interrogatorio policial, la segunda que realizaron fue a idénticos interlocutores. ____29____, a sus respectivos agentes de viaje apremiándoles para que les consiguieran billetes con los que salir de la isla. He dicho todos y tengo que rectificar. Esta clase de llamada ____30____ hicieron todos salvo Sonia San Cristóbal, Cary Faithful y Vlad Romescu. Los dos primeros porque tenían madre y ángel de la guarda respectivamente que se ocupaba de los latosos trámites relacionados con la intendencia, mientras que, en el caso de Vlad, era porque no ____31____ adonde ir.

— ¿Qué vas a hacer ahora? -le pregunté ____32____ de nuevo adonde se encontraba, y él sonrió encogiéndose de hombros.

— No es la primera vez que me toca empezar de cero -dijo-. Ya surgirá algo, o al menos eso espero.

A mí me ____33____ alargar un poco más aquella conversación pero no se me ocurrió nada que añadir.

____34____ ya he dicho, él se había ofrecido a ayudarme con los trámites necesarios para la incineración y entonces me di cuenta ____35____ que ni siquiera le había dado mi número de teléfono, por lo que aproveché para hacerlo, una buena excusa para estar un ratito más con él. «También puedes usarlo cuando acabe todo esto», dije, y de inmediato me mordí la lengua ____36____ ser tan estúpida.

Texto adaptado, Carmen Posadas

23.	a) Sin embargo	b) Mejor dicho	c) Puesto que
24.	a) a	b) por	c) para
25.	a) sucedía	b) sucedió	c) sucediera
26.	a) En cuanto	b) Por cierto	c) En particular
27.	a) desde cuando	b) desde hace	c) desde que
28.	a) Durante	b) Entretanto	c) Mientras que
29.	a) A propósito	b) En fin	c) En concreto
30.	a) se	b) la	c) lo
31.	a) tuviera	b) haya tenido	c) tenía
32.	a) acercándome	b) acercarme	c) me acerqué
33.	a) gustara	b) habría gustado	c) gustó
34.	a) Debido a que	b) Porque	c) Como
35.	a) hasta	b) de	c) en
36.	a) por	b) para	c) de

Anote el tiempo que ha tardado:

Recuerde que solo dispone de **70 minutos**

PRUEBA 2 — **Comprensión auditiva**

40 min Tiempo disponible para las 5 tareas.

TAREA 1

CD I

Pista 13

A continuación va a escuchar seis conversaciones breves. Oirá cada conversación dos veces seguidas. Después, tendrá que seleccionar la opción correcta, a), b) o c), correspondiente a cada una de las preguntas, 1-6.
Dispone de 30 segundos para leer las pregunta.

PREGUNTAS

Conversación 1
1. En este diálogo Jaime…
   a) le pregunta a Marina qué le ha salido en el examen.
   b) piensa que Marina tiene facilidad para los contenidos de ciencias.
   c) cree que estudiando mucho puede aprobar.

Conversación 2
2. En esta conversación María…
   a) le pide a Álvaro que le arregle el ordenador, ya que lo tiene a mano.
   b) contesta que solo se mueve la flechita de la pantalla.
   c) dice que el ordenador se ha detenido.

Conversación 3
3. La mujer que habla con el orientador da a entender que su hija…
   a) necesita como mínimo una media de notable entre el bachillerato y la Prueba de Acceso a la Universidad (PAU) para estudiar Ingeniería en una universidad pública.
   b) prefiere estudiar en una universidad privada que en una pública.
   c) sabe que el acceso a una universidad privada no va a ser fácil.

Conversación 4
4. La delegada de Educación garantiza…
   a) las ayudas económicas en los centros públicos y concertados.
   b) la enseñanza gratuita hasta los 18 años en los colegios concertados y públicos.
   c) las becas solo a los alumnos que tengan poco dinero y que aprueben todas las asignaturas.

Conversación 5
5. La profesora les dice a los alumnos que su trabajo final…
   a) debe incluir información que hayan buscado sobre gráficos y cantidades proporcionales.
   b) tiene que ajustarse a un tamaño de papel determinado.
   c) debe constar de cinco páginas como mucho.

Conversación 6
6. En la conversación entre madre e hijo…
   a) el hijo dice que el examen de Matemáticas era muy difícil.
   b) la madre reprocha a su hijo que falte a clase y que no atienda.
   c) la madre está disgustada porque su hijo va a repetir curso.

CD I

Pista 14

TAREA 2

A continuación va a escuchar una conversación entre dos expertos en el tema de las técnicas de relajación en las aulas. Después, indique si los enunciados, 7-12, se refieren a lo que dice Luis, a), Berta, b), o ninguno de los dos, c). Escuchará la audición dos veces.
Dispone de 20 segundos para leer los enunciados.

PREGUNTAS

	a) Luis	b) Berta	c) Ninguno de los dos
0. En su centro el personal docente está formado para utilizar técnicas de relajación.		✔	
7. Los maestros que siguen estas técnicas han comprobado que mejoran su propio rendimiento.			
8. Nos explica cuáles son los cuatro motivos por los que son beneficiosas estas técnicas.			
9. Hay que estar atentos a los alumnos y a sus resultados positivos no solo en el ámbito académico.			
10. La posición del cuerpo es una de las habilidades importantes en los métodos de relajación.			
11. El docente debe usar estos métodos poco a poco.			
12. La escuela no siempre mide las capacidades y la valía de una persona.			

CD I

Pista 15

TAREA 3

A continuación va a escuchar parte de una entrevista a Mariano Barbacid, importante investigador español. Escuchará la entrevista dos veces. Después, conteste a las preguntas, 13-18. Seleccione la respuesta correcta, a), b) o c).
Dispone de 30 segundos para leer las preguntas.

PREGUNTAS

13. Mariano Barbacid dice que…
    a) la gente ya no necesita irse fuera de España para curarse de cáncer.
    b) la gente va a Houston para curarse de cáncer.
    c) el 50% de los enfermos supera cualquier tipo de cáncer.

14. En el audio escuchamos que…
    a) hay tantos tipos de cáncer como de infecciones.
    b) el sarampión se puede confundir con otras enfermedades infecciosas.
    c) hay algunos tumores que se curan más que otros.

15. El doctor Barbacid cuenta que…
    a) las posibilidades de tener cáncer aumentan con la edad.
    b) es una tragedia que el cáncer forme parte de nuestra vida.
    c) aun dejando de fumar no podemos evitar el cáncer.

16. En la entrevista se dice que…
    a) lo más importante en los laboratorios es ser creativo.
    b) el ambiente entre los científicos es bastante competitivo.
    c) es necesario publicar los resultados de los experimentos cada tres meses.

17. El doctor nos explica…
    a) que los procedimientos administrativos para la investigación son muy rigurosos.
    b) que la investigación española tiene un sistema muy rígido.
    c) que el CNIO tiene que utilizar el procedimiento administrativo general.

18. En la audición escuchamos que…
    a) cuando eres modesto, sales de España.
    b) al doctor le hace daño la burocracia.
    c) el pensar que eres especial no es nada bueno.

CD I

Pista 16

TAREA 4

A continuación va a escuchar a seis personas hablando sobre el tema de las posibilidades educativas en los mundos virtuales. Escuchará a cada persona dos veces. Después, seleccione el enunciado, a)-j), que corresponde al tema del que habla cada persona, 19-24. Hay diez enunciados incluido el ejemplo. Seleccione únicamente seis.

Dispone de 20 segundos para leer los enunciados.
Escuche el ejemplo:
   Persona 0
   La opción correcta es el enunciado i.

ENUNCIADOS

a) Una posibilidad educativa de los mundos virtuales es el poder construir escenas, pinturas, obras de arte... en 3D.

b) Un pilar de los mundos virtuales es la creación de obras de arte en 3D.

c) Algunos mundos virtuales son mejores para ciertas edades que otros.

d) En los mundos virtuales cada isla se corresponde con una materia diferente.

e) Es muy motivador recitar bien poesía en los mundos virtuales.

f) Los profesores pueden grabar las conversaciones escritas de los alumnos y corregirlas más tarde.

g) En algunos mundos virtuales hay réplicas de escenas reales.

h) Los profesores tememos más estas tecnologías que los estudiantes jóvenes.

i) *Las conversaciones en tiempo real son una de las posibilidades educativas de los mundos virtuales.*

j) En su escuela utilizan un mundo virtual como parte del currículo de clase.

PERSONA		ENUNCIADO
	Persona 0	i)
19.	Persona 1	
20.	Persona 2	
21.	Persona 3	
22.	Persona 4	
23.	Persona 5	
24.	Persona 6	

CD I

Pista 17

TAREA 5

A continuación va a escuchar a un hombre que habla de la relación entre el cómic Los cuatro magní-ficos *y los rayos cósmicos. Escuchará la audición dos veces. Después, conteste a las preguntas, 25-30. Seleccione la respuesta correcta, a), b) o c).*
Tiene 30 segundos para leer las preguntas.

PREGUNTAS

25. En este audio se dice que…
   a) Batman y Superman son los superhéroes estrella del cómic.
   b) en 1961 Marvel creó *Los cuatro fantásticos* a partir de una idea de Stan Lee y Jack Kirby.
   c) en el número uno de *Los cuatro fantásticos* una nave de prueba pasa a través de rayos cósmicos.

26. Este experto dice que…
   a) el científico creador de la nave espacial se volvió invisible a causa de los rayos cósmicos.
   b) los rayos cósmicos produjeron mutaciones en los tripulantes de la nave.
   c) los rayos cósmicos disminuyeron las capacidades de los pasajeros de la nave.

27. En la audición escuchamos que…
   a) los rayos cósmicos son partes pequeñas de materia que se mueven a mucha velocidad.
   b) la lluvia de la atmósfera nos protege de estos rayos cósmicos.
   c) cuando los rayos llegan a la Tierra, se descomponen en otras partículas con más energía.

28. En la audición se nos cuenta que…
   a) según la procedencia y la energía de los rayos cósmicos, estos pueden ser de diferente tipo.
   b) los rayos cósmicos procedentes de las corrientes solares tienen la energía de 20 000 radiografías.
   c) el segundo tipo de rayos cósmicos procede de la masa de las estrellas.

29. En este audio…
   a) se nos dice que los rayos cósmicos afectan a 1 km cada siglo.
   b) nos cuentan que no se sabe bien el origen de los rayos cósmicos más potentes.
   c) escuchamos que el experto no quiere hacerse radiografías.

30. El hombre dice que…
   a) los rayos cósmicos pequeñitos afectan al ADN.
   b) los rayos cósmicos se introducen en las células porque estas son pequeñitas.
   c) las transformaciones producidas por los rayos cósmicos pueden heredarlas tus hijos.

Anote el tiempo que ha tardado:

Recuerde que solo dispone de **40 minutos**

PRUEBA 3  Expresión e interacción escritas

80 min Tiempo disponible para las 2 tareas.

TAREA 1

En su facultad ha aparecido una convocatoria de becas Erasmus para el próximo año. Usted está muy interesado, pero ha escuchado en la radio que el programa Erasmus está en peligro por falta de dinero. Escriba una carta donde solicite dicha beca. En la carta debe:

- presentarse;
- explicar el motivo de la carta;
- explicar sus méritos y por qué cree que merece la beca;
- expresar su inquietud ante las noticias sobre la continuidad de estas becas.

Número de palabras: entre 150 y 180.

CD I

Pista 18

*Va a escuchar una noticia relacionada con **los problemas económicos de las becas Erasmus.***

Candidatura para solicitar becas

FASES DEL DESARROLLO DE UNA CARTA DE SOLICITUD
Estimular el deseo de que el destinatario siga leyéndola.
Motivarle a que actúe concediéndole una entrevista.
Despertar su interés.
Crearle la convicción de que su candidatura es una verdadera posibilidad.

- La frase de despedida puede ir unida a la de agradecimiento y conclusión.
- Si el verbo de la frase de despedida está en tercera persona: no hay puntuación al final.
- Si el verbo de la frase de despedida está en primera persona: termina con un punto.
- Si la despedida no tiene verbo: termina con una coma.

Modelo de carta de candidatura

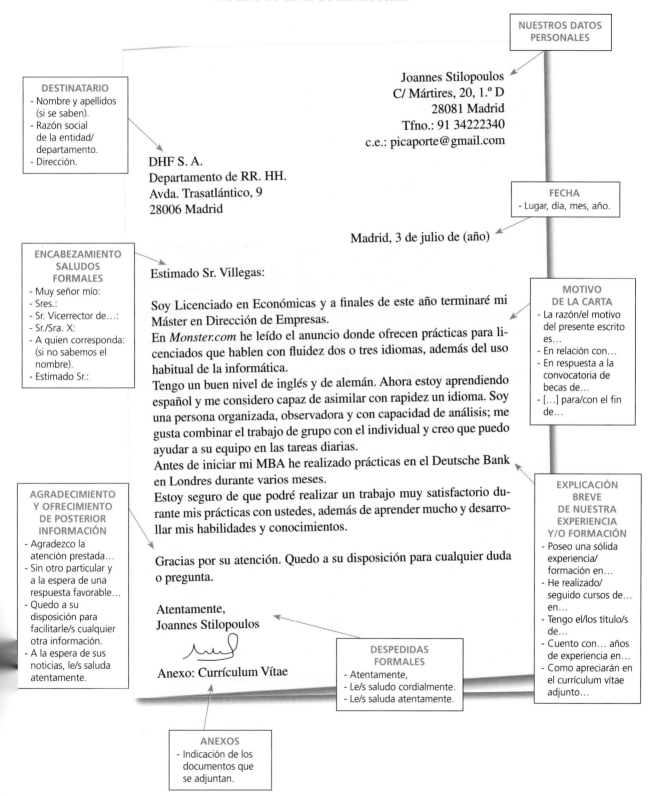

NUESTROS DATOS PERSONALES

Joannes Stilopoulos
C/ Mártires, 20, 1.º D
28081 Madrid
Tfno.: 91 34222340
c.e.: picaporte@gmail.com

DESTINATARIO
- Nombre y apellidos (si se saben).
- Razón social de la entidad/ departamento.
- Dirección.

DHF S. A.
Departamento de RR. HH.
Avda. Trasatlántico, 9
28006 Madrid

FECHA
- Lugar, día, mes, año.

Madrid, 3 de julio de (año)

ENCABEZAMIENTO SALUDOS FORMALES
- Muy señor mío:
- Sres.:
- Sr. Vicerrector de…:
- Sr./Sra. X:
- A quien corresponda: (si no sabemos el nombre).
- Estimado Sr.:

Estimado Sr. Villegas:

Soy Licenciado en Económicas y a finales de este año terminaré mi Máster en Dirección de Empresas.
En *Monster.com* he leído el anuncio donde ofrecen prácticas para licenciados que hablen con fluidez dos o tres idiomas, además del uso habitual de la informática.
Tengo un buen nivel de inglés y de alemán. Ahora estoy aprendiendo español y me considero capaz de asimilar con rapidez un idioma. Soy una persona organizada, observadora y con capacidad de análisis; me gusta combinar el trabajo de grupo con el individual y creo que puedo ayudar a su equipo en las tareas diarias.
Antes de iniciar mi MBA he realizado prácticas en el Deutsche Bank en Londres durante varios meses.
Estoy seguro de que podré realizar un trabajo muy satisfactorio durante mis prácticas con ustedes, además de aprender mucho y desarrollar mis habilidades y conocimientos.

Gracias por su atención. Quedo a su disposición para cualquier duda o pregunta.

Atentamente,
Joannes Stilopoulos

Anexo: Currículum Vítae

MOTIVO DE LA CARTA
- La razón/el motivo del presente escrito es…
- En relación con…
- En respuesta a la convocatoria de becas de…
- […] para/con el fin de…

EXPLICACIÓN BREVE DE NUESTRA EXPERIENCIA Y/O FORMACIÓN
- Poseo una sólida experiencia/ formación en…
- He realizado/ seguido cursos de… en…
- Tengo el/los título/s de…
- Cuento con… años de experiencia en…
- Como apreciarán en el currículum vítae adjunto…

AGRADECIMIENTO Y OFRECIMIENTO DE POSTERIOR INFORMACIÓN
- Agradezco la atención prestada…
- Sin otro particular y a la espera de una respuesta favorable…
- Quedo a su disposición para facilitarle/s cualquier otra información.
- A la espera de sus noticias, le/s saluda atentamente.

DESPEDIDAS FORMALES
- Atentamente,
- Le/s saludo cordialmente.
- Le/s saluda atentamente.

ANEXOS
- Indicación de los documentos que se adjuntan.

TAREA 2

Elija solo una de las dos opciones que se le ofrecen a continuación:

OPCIÓN 1

Usted tiene que asesorar sobre su futuro profesional a un grupo de estudiantes que está terminando el bachillerato. Para ello, tiene que escribir un texto que incluya, valore y analice la información que se ofrece en el siguiente gráfico.
Número de palabras: entre 150 y 180.

Características del empleo

	Tasa de asalariados	Tasa de estabilidad en el empleo	Tasa de participación femenina	Salario medio (euros)
Total agrupaciones de actividad	78,9	71,6	43,6	21 598
Transporte y almacenamiento	78,5	79,7	18,1	26 088
Hostelería	76,8	69,5	51,4	15 422
Información y comunicaciones	91,5	84,0	35,8	35 132
Actividades inmobiliarias	55,8	88,1	43,6	23 750
Actividades profesionales, científicas y técnicas	68,0	80,8	45,0	27 830
Actividades administrativas y servicios auxiliares	92,7	57,1	57,1	15 058
Actividades deportivas, recreativas y de entretenimiento	83,3	68,3	41,5	22 488
Reparación de ordenadores, efectos personales y artículos de uso doméstico	61,1	80,6	22,9	20 275

Fuente: España en cifras 2012. www.ine.es

Redacte un texto en el que deberá:
- comparar los grados de estabilidad de las distintas actividades profesionales;
- destacar las profesiones con mayor o menor presencia masculina y femenina;
- resaltar los trabajos que ofrecen mayor remuneración;
- recoger en una conclusión las recomendaciones que daría a los jóvenes que tienen que elegir estudios o profesión.

OPCIÓN 2

A usted le han encargado organizar un taller destinado a jóvenes escolares, para acercarles al mundo de la ciencia y hacer que esta les resulte atractiva. Para ello, cuenta con la información que ha encontrado en una página de Internet.
Número de palabras: entre 150 y 180.

En *diverCiencia* se ofrece una recopilación de 72 guiones de prácticas de laboratorio de Física y Química. La selección es obra de Fernando Jimeno Castillo, profesor del Instituto de Enseñanza Secundaria IES. Tiempos Modernos de Zaragoza. Todas las experiencias tienen en común aspectos divertidos, curiosos, sorprendentes y recreativos de ambas ciencias.

Las 72 experiencias ya han sido realizadas en nuestro instituto, bien en las sesiones prácticas habituales de la asignatura, bien en jornadas culturales en forma de «Talleres científicos».

Algunas de estas prácticas son de fácil ejecución, no entrañan riesgos y no requieren materiales específicos de laboratorio, por lo que han sido hechas por el alumnado en su domicilio como «prácticas caseras».

- La recopilación está distribuida en cuatro apartados:

- Química mágica: resultados inesperados y «fantásticos» al efectuarse reacciones químicas.

- Química curiosa: reacciones y procesos que nos hacen pensar y que «chocan» con lo que nuestro sentido común espera.

- Física sorprendente: comportamientos de la materia que quiebran las expectativas de nuestra «lógica» y no tienen explicación aparente.

- Física recreativa: actividades lúdicas al manipular objetos de la vida cotidiana, experimentos que nos acercan de forma divertida a las bases de la física.

En *diverCiencia* también se presenta el rincón de lectura, una guía formada por 34 reseñas bibliográficas correspondientes a los libros de divulgación científica existentes en la biblioteca de nuestro instituto. Las reseñas también las ha efectuado el mismo profesor y están agrupadas en tres bloques:

- Libros de experimentos, pasatiempos, curiosidades y recreaciones científicas: ideas prácticas y curiosas, cuestiones para pensar, prácticas de laboratorio, paradojas científicas...

- Libros de divulgación científica: información sobre temas científicos de actualidad, los retos e hitos científicos de importancia, descubrimientos relevantes, los grandes investigadores a lo largo de la historia...

- Libros de ensayos científicos: son también textos divulgativos, pero que exigen unos conocimientos científicos en el lector mayores que los anteriores. Son libros de profundización que nos invitan a pensar y a resolver preguntas medianamente complicadas.

El autor de *diverCiencia* espera que estas propuestas sean útiles y os anima a todos los visitantes de la página a que enviéis por *e-mail* vuestras sugerencias y opiniones.

Fuente: www.iestiemposmodernos.com/diverciencia

Redacte un programa sobre el taller en el que deberá:
- hacer una pequeña introducción sobre lo importante que es fomentar la ciencia entre los escolares;
- enumerar los objetivos que se pretenden conseguir con el taller;
- explicar detalladamente en qué va a consistir: contenido, horario…;
- destacar las ventajas laborales y sociales de la profesión científica.

Anote el tiempo que ha tardado:

Recuerde que solo dispone de **80 minutos**

PRUEBA 4  # Expresión e interacción orales

 20 min Tiempo disponible para las 3 tareas.

 20 min Tiempo disponible para la preparación de la intervención oral.

TAREA 1

Debe hablar durante 3 o 4 minutos de las ventajas e inconvenientes de una serie de soluciones que se proponen para un determinado problema. Después, conversará con el entrevistador sobre el tema. Tiempo total, 6-7 minutos.

PROBLEMAS DE EDUCACIÓN

En el mundo hay graves problemas relacionados con la educación: millones de niños no están escolarizados; existe una gran desigualdad educativa entre hombres y mujeres en muchos países; muchas personas no pueden acceder a una educación de calidad o fracasan en el intento…

Expertos en educación se han reunido para discutir algunas medidas que permitan mejorar esta situación.

Lea las propuestas recogidas y explique las ventajas e inconvenientes de, como mínimo, cuatro de ellas.

Después de su monólogo conversará con el entrevistador sobre el tema y las propuestas.

En su exposición debe especificar por qué le parece una buena o mala solución esa propuesta, qué inconvenientes puede tener, a quién beneficia y a quién perjudica; si puede ocasionar otros problemas o si habría que precisar algo más…

Educación gratuita y universal. Los organismos internacionales, como la UNESCO, deberían garantizar el acceso a la educación a todos los seres humanos. Es un derecho fundamental.

Yo soy partidario de una educación pública de calidad que permita corregir las diferencias sociales entre las personas. Más becas, más clases de refuerzo y apoyo... Las tareas deberían hacerse en el colegio y no en casa.

Los actuales métodos de enseñanza están anticuados. Hay que motivar a los estudiantes acercando a las aulas las nuevas tecnologías para evitar el fracaso escolar y el abandono temprano.

La enseñanza pública es de baja calidad. Hay que fomentar la enseñanza privada para atender a los alumnos que busquen la excelencia. La separación de sexos puede ser buena en algunas edades.

La universidad no es para todo el mundo. Es mejor orientar a las personas menos capacitadas hacia estudios de formación profesional para evitar frustraciones y gastos innecesarios. Hay que estudiar lo que demanda el mercado.

Es fundamental fomentar el bilingüismo desde la etapa preescolar. Y mejor una educación que permita aprender durante toda la vida, que otra basada en la acumulación de conocimientos innecesarios.

EXPOSICIÓN
Ejemplo: *Yo estoy de acuerdo con la propuesta de fomentar el bilingüismo desde la etapa preescolar porque...*

CONVERSACIÓN
Cuando el candidato termine su monólogo sobre las propuestas de la lámina (3 o 4 minutos), el entrevistador le hará algunas preguntas sobre el tema durante otros 3 minutos.
La duración total de esta tarea es de 6 a 7 minutos.

EJEMPLO DE PREGUNTAS DEL ENTREVISTADOR
Sobre las propuestas
- ¿Está de acuerdo con todas las propuestas? ¿Eliminaría o añadiría alguna?

Sobre su realidad
- ¿Considera que en su país hay problemas con la educación? En caso afirmativo, ¿cuáles son los más importantes? ¿Se han tomado o se van a tomar medidas para resolverlos?

Sobre sus opiniones
- ¿Cree que la educación debe ser una responsabilidad de la propia persona, de los padres, de los docentes, del Ministerio de Educación, del Gobierno...? ¿Qué haría respecto a este tema si fuera profesor, político o si tuviera hijos en edad escolar?

TAREA 2

Usted debe imaginar la situación que se está produciendo en la fotografía y, a continuación, tiene que describirla durante 2 minutos aproximadamente, a partir de unas preguntas que se le ofrecen. Puede haber más de una respuesta.
Después, hablará con el entrevistador y expresará sus opiniones sobre ese tema.

JÓVENES INVESTIGADORES

Las personas que ve en la fotografía están trabajando en algún proyecto. Tiene que imaginar dónde se encuentran y qué están haciendo. Debe hablar sobre ello durante 2 minutos aproximadamente. Puede centrarse en los siguientes aspectos:

- ¿Dónde cree que se encuentran estas personas? ¿Por qué piensa eso?
- ¿Qué cree que están haciendo? ¿En qué están trabajando? ¿Por qué?
- Seleccione a dos o tres personas de la fotografía e imagine cómo son, qué edad tienen, cuál es su situación educativa o profesional…
- ¿Cuál cree que será el futuro profesional de estas personas?

Después de la descripción, el entrevistador le hará algunas preguntas sobre el tema hasta completar el tiempo total de esta prueba, que es de 5-6 minutos.

EJEMPLOS DE PREGUNTAS DEL ENTREVISTADOR

- ¿Piensa que la investigación es necesaria? ¿En qué campos o áreas es más importante, en su opinión?
- ¿Cree que los gobiernos deberían invertir más dinero en I+D o deben ser las empresas las que lo hagan?
- ¿Cree que ser investigador es una buena profesión? ¿Qué piensa sobre la *fuga de cerebros*?

TAREA 3

Usted tiene que dar su opinión a partir de unos datos de noticias, encuestas, etc., que se le ofrecen (2-3 minutos). Después, debe conversar con el entrevistador sobre esos datos, expresando su opinión al respecto.
Esta tarea no se prepara previamente.

EQUIPAMIENTO TECNOLÓGICO EN LAS VIVIENDAS

Aquí tiene una encuesta sobre el equipamiento de las viviendas en productos TIC (Tecnología de la Información y la Comunicación). Léala y responda a la pregunta:

- ¿Qué porcentaje de viviendas de su país cree que tienen los siguientes productos tecnológicos?

Debe relacionar las dos columnas.

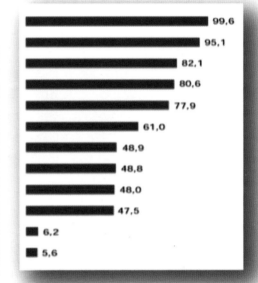

✓ Ordenador portátil
✓ Ordenador de sobremesa
✓ Radio
✓ Vídeo
✓ DVD
✓ Teléfono fijo
✓ Teléfono móvil
✓ Cadena musical
✓ Televisión
✓ Fax
✓ MP3 o MP4
✓ Otros...

A continuación compare sus respuestas con los resultados obtenidos en España en la misma encuesta:

- ¿En qué se parecen? ¿Hay alguna diferencia importante?
- ¿Quiere destacar algún aspecto? ¿Cree que hay otros productos TIC que debería contener la encuesta? ¿Puede dar más detalles?

Fuente: España en cifras 2012.
www.ine.es

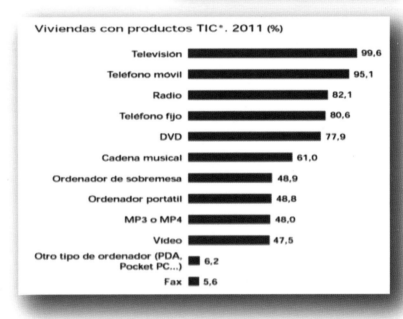

Viviendas con productos TIC*. 2011 (%)

Televisión	99,6
Teléfono móvil	95,1
Radio	82,1
Teléfono fijo	80,6
DVD	77,9
Cadena musical	61,0
Ordenador de sobremesa	48,9
Ordenador portátil	48,8
MP3 o MP4	48,0
Vídeo	47,5
Otro tipo de ordenador (PDA, Pocket PC...)	6,2
Fax	5,6

Preparación Diploma de Español (Nivel B2)

OCIO, COMPRAS Y ACTIVIDADES ARTÍSTICAS

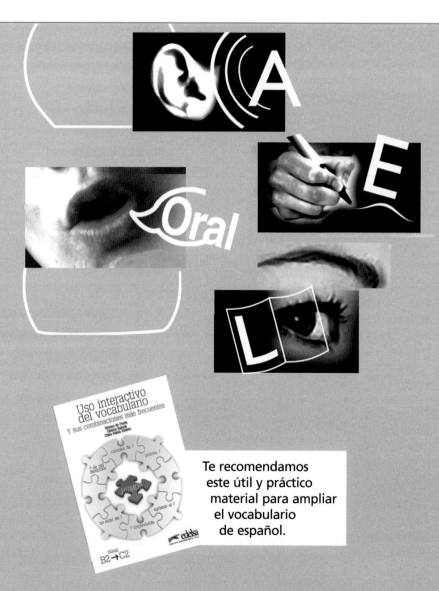

Te recomendamos
este útil y práctico
material para ampliar
el vocabulario
de español.

VOCABULARIO

FICHA DE AYUDA
Para la expresión e interacción
escritas y orales

TIEMPO LIBRE Y ENTRETENIMIENTO

Banda sonora (la) ....
Cámara (la) ....
Carnaval (el) ....
Decorado (el) ....
Disfraz (el) ....
Efectos especiales (los) ....
Escenario (el) ....
Estreno (el) ....
Exhibición (la) ....
Guion (el) ....
Parque (el) ....
Producción (la) ....
Realización (la) ....
Regidor/-a (el/la) ....
Representación (la) ....
Taquilla (la) ....

Verbos y expresiones

Cancelar ....
Entretener(se) ....
Estrenar(se) ....
Pasar el rato ....
Pasárselo en grande ....
Reservar ....
Salir de marcha ....

ARTES Y LITERATURA

Accesibilidad (la) ....
Ampliación (la) ....
Acuarela (la) ....
Bagaje cultural (el) ....
Coreografía (la) ....
Crítico (el) ....
Folclore (el) ....
Hábitos de lectura (los) ....
Negativo (el) ....
Óleo (el) ....
Pose (la) ....
Sinfonía (la) ....
Soporte (el) ....
Trazo (el) ....
Universalización (la) ....

Verbos y expresiones

Componer ....
Digitalizar ....
Enfocar ....
Enmarcar ....
Hacer una foto ....
Irse con la música a otra parte ....
Recitar ....
Revelar una fotografía ....
Rimar ....

COMPRAS

Aguja (la) ....
Alfiler (el) ....
Artículo (el) ....
Botón (el) ....
Calzado (el) ....
Consumismo (el) ....
Cremallera (la) ....
Escaparate (el) ....
Hipermercado (el) ....
Muestrario (el) ....
Pasarela (la) ....
Percha (la) ....
Perchero (el) ....
Supermercado (el) ....
Tacones (los) ....
Talla (la) ....
Zapatos bajos/altos (los) ....

Verbos y expresiones

Apretar la ropa ....
Dar la vez ....
Echar un vistazo ....
Estar pasado de moda ....
Hacerse una idea ....
Poner una reclamación ....
Probar(se) la ropa ....
Quedar bien/mal/fatal ....
Quedarle ajustado ....

DEPORTES Y JUEGOS

Cancha (la) ....
Competitividad (la) ....
Deporte de riesgo (el) ....
Dopaje (el) ....
Empate (el) ....
Encuentro (el) ....
Entrenador (el) ....
Estadio (el) ....
Gimnasio (el) ....
Partido (el) ....
Plusmarquista (el/la) ....
Resistencia (la) ....
Senderismo (el) ....
Torneo (el) ....

Verbos y expresiones

Apostar ....
Clasificarse ....
Echar una partida ....
Eliminar ....
Hacer la quiniela ....
Hacer trampas ....
Saltarse las reglas del juego ....

PRUEBA 1 · Comprensión de lectura

70 min Tiempo disponible para las 4 tareas.

TAREA 1

A continuación va a leer un texto. Después, deberá contestar a las preguntas, 1-6, y seleccionar la respuesta correcta, a), b) o c).

ESPAÑA MANDA LA MÚSICA A OTRA PARTE

La cultura musical y su educación constituyen un fenómeno que en España funciona a rachas intermitentes de optimismo. Más allá del folclore genuinamente español, suele decirse que este país carece de una alta tradición musical en el pop y el mundo sinfónico. Ya saben, en los sesenta eran las bandas municipales y Los Brincos, contra La Filarmónica de Berlín y los Beatles.

En los últimos años, los esfuerzos en inversión y en trasladar el mensaje de la música crecieron enormemente. Concretamente, en las últimas dos décadas, desde que, entre otras cosas, se creó una red amplísima y razonablemente eficaz de escuelas municipales de música. Ahora bien, es posible que los recortes que devastan la cultura en España se las lleven por delante.

La idea de estos centros, nacidos en 1992, no solo era localizar a futuros talentos musicales, sino fomentar la cohesión social, dar un empujón al nivel cultural de los barrios y ayudar al desarrollo de los alumnos a través de la música. Pero la base fundacional de las escuelas públicas que hay en España tiene que ver principalmente con crear el ambiente cultural que genere afición, interés y, de paso, un público que renueve los envejecidos auditorios españoles.

«Hay dos grandes realidades en la educación musical: quienes vivirán profesionalmente de ella y los que se acercarán de manera *amateur*». Enrique Subiela, músico, se refiere a la falta de una auténtica afición formada que acuda a las salas. La otra parte a la que alude es la vertiente profesional. Cada vez más españoles ocupan puestos de primer nivel en orquestas europeas. Las escuelas públicas permiten a veces dar el salto a centros de mayor nivel o conservatorios, donde España está a la cabeza de Europa (en número).

En todas las comunidades autónomas se ha recortado la aportación a estos centros formativos, en la creencia de que es una educación no necesaria. Pero aporta muchos beneficios. Los alumnos que estudian música suelen tener éxito en el resto de estudios, enseña a concentrarse, a trabajar en equipo, a dirigir, a no hablar cuando el otro habla... desarrolla la imaginación y la creatividad. Si la música va para atrás, quien saldrá perjudicado será el país.

«Quitar recursos a la educación se acabará pagando. Pero no soy tan ingenuo como para pensar que hay una relación directa entre el dinero y la calidad». Para Fabián Panisello, de la escuela Reina Sofía, una formación adecuada se da con una buena selección de alumnos y buenos profesores. «Y en España no es fácil. Cualquiera que haga una carrera musical, o lo hace a un alto nivel o no vale la pena. Es verdad que el nivel de instrumentistas ha subido en España, pero tengo dudas de que vaya asociado a la educación».

Daniel Verdú
Adaptado de http://sociedad.elpais.com

PREGUNTAS

1. En el texto se afirma que en España…

   a) el folclore ha impedido que la música se desarrolle en otros aspectos.

   b) la cultura musical no experimenta un desarrollo constante.

   c) en los años 70 se prefería la música de los Beatles a la sinfónica.

2. En el texto se señala que en los últimos años…

   a) se crearon escuelas dependientes de las comunidades autónomas.

   b) se crearon escuelas por parte de los ayuntamientos.

   c) la inversión en las escuelas de música ha sufrido recortes.

3. En el texto se afirma que estos centros…

   a) ven la música como un elemento de integración social y cultural.

   b) están abiertos al público que llena los auditorios.

   c) están llenos de personas con gran talento musical.

4. Según el músico Enrique Subiela,…

   a) los músicos españoles no encuentran trabajo en España.

   b) el número de conservatorios en España es superior al de toda Europa.

   c) el público que acude a los auditorios no tiene cultura musical.

5. Según el texto,…

   a) todos los estudiantes de música triunfan en el resto de estudios.

   b) la música estimula la colaboración entre los estudiantes.

   c) para concentrarse, es necesario estudiar con música.

6. En el texto se indica que…

   a) la falta de dinero para la música influirá en la calidad de los estudios.

   b) el número de músicos españoles depende directamente de los recursos destinados a la música.

   c) el alumnado y el profesorado son fundamentales en la educación musical.

TAREA 2

A continuación va a leer cuatro textos en los que cada persona da consejos para aprender a bailar. Después, tendrá que relacionar las preguntas, 7-16, con los textos, a), b), c) y d).

PREGUNTAS

	a) Andrés	b) Marisa	c) David	d) Clara
7. ¿Quién juzga fundamental para mejorar en el baile pedir recomendaciones a otras personas que bailan?				
8. ¿Quién considera que la posición del cuerpo puede influir en los aspectos psicológicos?				
9. ¿Para quién es muy importante fijar unos hábitos deportivos que ayuden al cuerpo a bailar?				
10. ¿Quién señala que el asistir a las clases no es suficiente para ser un buen bailarín?				
11. ¿Quién aconseja al futuro bailarín que no tenga complejo de inferioridad?				
12. ¿Quién cree importante que el carácter del profesor de baile tenga puntos en común con el del alumno?				
13. ¿Quién afirma que las personas tenemos aspectos tanto negativos como positivos?				
14. ¿Para quién es fundamental una reflexión previa antes de comenzar a asistir a clases de baile?				
15. ¿Quién señala que el pesimismo afecta a la habilidad del cuerpo para bailar?				
16. ¿Quién dice que ser demasiado ambicioso no es bueno para mejorar en el baile?				

a) Andrés

El primer paso para aprender a bailar es una acción interna. Quizá has soñado con bailar desde hace tiempo, pero no te atreves a matricularte en una clase de baile por miedo a hacer el ridículo. Respira profundamente y conéctate a tu alma, que anhela expresarse mediante el baile. Sonríe por dentro y dile a esa parte tuya: «Te doy permiso para aprender a bailar y te ofrezco el ambiente y los recursos necesarios para que puedas aprender de una manera agradable». Date tiempo para encontrar una clase de baile con el maestro que mejor se adapte a tus necesidades, personalidad y preferencias. El instructor de baile adecuado para ti no solamente enseña pasos y técnicas de baile. También apoya tu aprendizaje con positivismo, paciencia, respeto, consejos y entusiasmo para que descubras y liberes a tu bailarín o bailarina.

b) Marisa

No caigas en la trampa de la envidia. Cada estudiante de baile sigue un ritmo de aprendizaje diferente. Todos tenemos nuestros puntos fuertes y nuestros puntos débiles. No pierdas el tiempo sintiéndote menos que tus compañeros de clase porque ellos parecen avanzar más que tú. Céntrate en lo que aprendes en cada clase y celebra cada uno de tus logros, por pequeños que sean. Si tienes compañeros de clase que son buenos bailarines, inspírate en ellos. Quizá ellos puedan revelarte algunos secretos y trucos para aprender a bailar de una manera más fácil. Estudia su técnica y pídeles consejo, no los envidies. Aprender a bailar requiere mucha paciencia y una actitud positiva. No te obsesiones demasiado con los resultados; disfruta el momento presente. Recibe el placer del baile en cada paso y movimiento.

c) David

Todos los procesos de aprendizaje requieren muchísimas horas de práctica y estudio, pero esto no basta. Saca tiempo varias veces a la semana para practicar lo que aprendes en tu clase de baile. Así fortalecerás tus destrezas. También te darás cuenta de lo que necesita atención y de lo que todavía necesita bastante práctica. Entonces sabrás en qué aspectos tienes que concentrarte en la próxima clase. El instrumento para el baile es tu cuerpo. No olvides que los ejercicios de calentamiento y estiramiento, cuando se hacen a diario, le dan a tu cuerpo la flexibilidad y fuerza necesarias para bailar con precisión y fluidez. No te limites a hacer estos ejercicios solamente cuando tienes clase. Lo mejor es establecer una rutina diaria de calentamiento y estiramiento. Puedes escoger disciplinas que te proporcionen estos beneficios como el pilates o el yoga.

d) Clara

El estrés, las preocupaciones, una vida demasiado ajetreada, las emociones y los pensamientos negativos afectan a tu cuerpo y a tu capacidad para bailar con armonía. Para liberarte de estos efectos, incorpora a tu vida una disciplina de relajación. Vigila también tu postura, pues es de suma importancia en todos los tipos de baile y además unos malos hábitos aumentarán tu estrés. Incluye en tu disciplina física ejercicios que ayuden a liberar las tensiones de todas las zonas del cuerpo: al mismo tiempo, desarrollarás consciencia acerca de tu postura y aprenderás a identificar cuándo está fuera de alineamiento y a hacer los ajustes necesarios para recuperarla. Observa cuáles son las zonas de tu cuerpo que sueles colocar en una mala posición. La espalda, el cuello, la pelvis y toda la espina dorsal son zonas claves para mantener una postura saludable.

Adaptado de http://baile.about.com/od/Aprende-a-bailar/

TAREA 3

A continuación va a leer un texto del que se han extraído seis fragmentos. Después, lea los ocho fragmentos propuestos, a)-h), y decida en qué lugar del texto, 17-22, hay que colocar seis de ellos. Cuidado, hay dos fragmentos que no tiene que elegir.

BL♦G

BENEFICIOS DEL SENDERISMO PARA LA SALUD

El senderismo es una actividad deportiva y de ocio que cada día gana más adeptos, puesto que se trata de un deporte que no exige una excesiva preparación física y en el que se acumula experiencia, conocimientos y resistencia física. **17.** _____. En otras palabras, las repercusiones de la práctica de ejercicio sobre la salud son sobradamente conocidas.

El ejercicio físico es fundamental para el organismo, no solo porque ayude a quemar calorías, sino porque mejora la fuerza muscular y contribuye al mantenimiento de la masa ósea. **18.** _____. Incluso algunos autores manifiestan una asociación entre inactividad y riesgo de mortalidad. Algunas de las ventajas que podríamos señalar del senderismo son, entre otras, las cardiorrespiratorias y las musculares.

19. _____. Esta relación se produce en todos los grupos de edad, incluso en personas mayores. En este sector de población, un alto funcionamiento físico contribuye, entre otros factores, a un envejecimiento exitoso, e incluso se ha propuesto que el ejercicio mejora algunos aspectos del funcionamiento mental, como la planificación, la memoria a corto plazo y la toma de decisiones.

La actividad física reduce la depresión y puede ser tan efectiva como otros tratamientos. Si se realiza ejercicio físico con regularidad, disminuye el riesgo de depresiones y se produce una mejoría en la salud subjetiva, el estado de ánimo y la emotividad, así como en la autopercepción de la imagen del cuerpo y la autoestima física. **20.** _____.

Practicar senderismo puede contribuir a la mejora del estado de ánimo. Realizar actividades placenteras, como es este deporte, está íntimamente relacionado con un estado de ánimo favorable. Los mejores días coinciden generalmente con aquellos momentos en los que hemos realizado actividades agradables. **21.** _____.

Este deporte además se presenta como una actividad relajante, debido al medio donde habitualmente se desarrolla: la naturaleza. Asimismo, como en la mayoría de los deportes, el senderismo puede ser un medio para aumentar el concepto de uno mismo. **22.** _____. Así, se verá motivado a realizar de nuevo la actividad en futuras ocasiones.

Dr. Alberto López Rocha
Adaptado de http://sdcorrecaminos.foroactivo.com

FRAGMENTOS

a)

Sentirse triste o deprimido no es excusa: el mejor método para superar esa sensación es implicarse en una actividad gratificante.

b)

De hecho, caminar no es solo una manera de mantenerse en forma, sino que también trata enfermedades específicas.

c)

También disminuye la hipertensión, siempre que se asocie a otras variaciones en el estilo de vida.

d)

El aficionado al senderismo vive en la naturaleza una experiencia única y siente que forma parte de ella.

e)

Alcanzar un objetivo (una ruta de determinada dificultad) hace que la persona se sienta exitosa y capaz.

f)

Por otro lado, cada vez son más los estudios que corroboran la relación existente entre actividad y salud psíquica.

g)

Ya sabemos que la actividad física proporciona a la salud una serie de beneficios, hoy en día indiscutibles.

h)

Además, reduce la ansiedad y mejora las reacciones ante el estrés, así como la calidad y extensión del sueño.

Preparación Diploma de Español (Nivel B2)

TAREA 4

A continuación va a leer un texto. Complete los huecos, 23-36, con la opción correcta, a), b) o c).

EL MAESTRO DEL PRADO

Hoy, visto con la perspectiva que dan los años, creo que mi fascinación por el Prado se debió en gran parte ____23____ que sus cuadros eran lo único familiar de mi nueva ciudad. Sus fondos me ____24____ tiempo atrás, cuando los descubrí ____25____ de la mano de mi madre a primeros de los ochenta. Yo fui, claro, un niño con una imaginación desbordante, y aquella secuencia infinita de imágenes me electrizó desde la primera vez. De hecho, todavía recuerdo lo que sentí en aquella temprana visita. Los trazos maestros de Velázquez, Goya, Rubens o Tiziano –por citar solo los que conocía por mis libros del colegio– hervían ante mi retina convirtiéndose en fragmentos de historia viva. Mirarlos fue ____26____ a escenas de un pasado remoto petrificadas como por arte de magia. ____27____ alguna razón, esa visión de niño me hizo entender las pinturas como una suerte de supermáquina capaz de proyectarme a tiempos, lances y mundos olvidados que, años más tarde, iba a tener la fortuna de comprender gracias a los libros de viejo que compraría en las cercanas casetas de la Cuesta de Moyano.

Sin embargo, lo que jamás, nunca, pude imaginar fue que en una de aquellas tardes grises del final del otoño de 1990 iba a sucederme algo que ____28____ con creces ensoñaciones tan tempranas.

Lo recuerdo a la perfección.

El *incidente* que dio comienzo a todo tuvo lugar en la sala A del museo. Me encontraba absorto ____29____ a la gran pared de la que cuelgan las Sagradas Familias del maestro Rafael –inclinado hacia esa que Felipe IV llamó *la Perla* por considerarla la joya de su colección–, cuando un hombre que parecía ____30____ caído de un lienzo de Goya se situó a mi lado. Se había detenido a contemplar el mismo cuadro que ____31____. De hecho, su actitud no hubiera llamado mi atención de no ser porque en ese momento ambos éramos las únicas almas en la galería, teníamos ____32____ treinta grandes obras maestras a nuestro alcance y, sin embargo, por alguna razón, los dos nos habíamos encaprichado de la misma.

Nos pasamos media hora contemplándola en silencio. ____33____ cabo de ese rato, extrañado de que apenas se ____34____, empecé a vigilarlo con curiosidad. Al principio registré cada uno de sus gestos, sus escasos parpadeos, sus resoplidos, como si esperara que de un momento a otro fuera a arrancar el cuadro de la pared y darse a la fuga. No ____35____ hizo. Pero después, incapaz de deducir ____36____ era lo que aquel tipo estaba buscando en *la Perla*, comencé a dar vueltas a ideas cada vez más absurdas.

Texto adaptado, Javier Sierra

23.	a) ya	b) en	c) a
24.	a) hubieran impactado	b) habrían impactado	c) habían impactado
25.	a) cogido	b) cogiendo	c) al coger
26.	a) meterse	b) asomarse	c) entrar
27.	a) Para	b) Por	c) Debido
28.	a) excediera	b) excedería	c) habrá excedido
29.	a) frente	b) enfrente	c) ante
30.	a) bien	b) tan	c) recién
31.	a) mío	b) mí	c) yo
32.	a) más que	b) más de	c) menos que
33.	a) Del	b) En	c) Al
34.	a) moviera	b) mueva	c) movería
35.	a) se	b) lo	c) se lo
36.	a) qué	b) que	c) quién

Anote el tiempo que ha tardado:

Recuerde que solo dispone de **70 minutos**

PRUEBA 2 — Comprensión auditiva

40 min Tiempo disponible para las 5 tareas.

TAREA 1

CD I
Pista 19

A continuación va a escuchar seis conversaciones breves. Oirá cada conversación dos veces seguidas. Después, tendrá que seleccionar la opción correcta, a), b) o c), correspondiente a cada una de las preguntas, 1-6.
Dispone de 30 segundos para leer las preguntas.

PREGUNTAS

Conversación 1

1. En esta conversación la mujer dice que…
   a) hizo una fiesta grande para celebrar su cumpleaños.
   b) en la fiesta había japoneses entre los invitados.
   c) algunos invitados continuaron la fiesta fuera de la casa.

Conversación 2

2. El hombre que mantiene esta conversación telefónica…
   a) quiere reservar dos entradas para ir al cine.
   b) no puede asistir al espectáculo ese jueves porque no hay sitio.
   c) tiene que retirar las entradas de la máquina expendedora de la sala.

Conversación 3

3. En esta conversación…
   a) la mujer se lamenta de que Ferrer haya perdido el partido.
   b) el hombre dice que en su próximo partido el Real Madrid debe ganar o igualar el resultado para clasificarse.
   c) la mujer cree que van a ir muchos seguidores para animar al Real Madrid.

Conversación 4

4. En esta escena…
   a) hay dos personas que están jugando a las cartas.
   b) la mujer le reprocha al hombre que no siga las reglas del juego.
   c) el hombre va a regalar un billete de lotería a la mujer en compensación por haber ganado.

Conversación 5

5. En este diálogo…
   a) la mujer cree que, con el uso, la prenda que se está probando puede ensancharse.
   b) el hombre le sugiere que se pruebe una prenda con dibujos que está en una percha.
   c) la mujer se está comprando unos zapatos.

Conversación 6

6. Las respuestas correctas de este concurso de la radio son que…
   a) el director y montador de la película *Mar adentro* es Alejandro Amenábar.
   b) el *Guernica* está realizado con una pintura al agua.
   c) la pared exterior de la catedral de Santiago pertenece al estilo barroco.

CD I

Pista 20

TAREA 2

A continuación va a escuchar una conversación entre dos personas que hablan sobre los hábitos de lectura en México y España. Después, indique si los enunciados, 7-12, se refieren a lo que dice Jessica, a), Ramón, b), o ninguno de los dos, c). Escuchará la audición dos veces.
Dispone de 20 segundos para leer los enunciados.

PREGUNTAS

	a) Ramón	b) Jessica	c) Ninguno de los dos
0. Las personas no leen por diferentes causas, entre las que se encuentra el ver la televisión.	✓		
7. Internet es la causa primordial por la que la gente no lee.			
8. El número de horas de trabajo afectan al hábito de leer.			
9. La televisión siempre es un instrumento educacional.			
10. El hábito de leer es una cuestión más de educación que de dinero.			
11. La falta de tiempo libre influye en los hábitos de lectura.			
12. El hábito de lectura se promueve tanto en casa como en la escuela.			

CD I

 Pista 21

TAREA 3

A continuación va a escuchar parte de una entrevista realizada por Julia Otero, una famosa periodista de radio, a Manolo Blahnik, diseñador de los famosos zapatos llamados manolos. Escuchará esta entrevista dos veces. Después, conteste a las preguntas, 13-18. Seleccione la respuesta correcta, a), b) o c).

Dispone de 30 segundos para leer las preguntas.

PREGUNTAS

13. Manolo Blahnik dice que…
   a) antes escuchaba los programas de Julia Otero con su madre.
   b) su madre escuchaba los programas de Julia Otero en la radio.
   c) escucha los programas de Julia Otero cuando viene a ver a su madre.

14. En el audio escuchamos que…
   a) Blahnik ha abierto su segunda tienda en Madrid.
   b) Blahnik va a inaugurar su tienda en Barcelona.
   c) Blahnik tiene dos tiendas en España.

15. El Sr. Blahnik dice que…
   a) lo consideran una persona discreta.
   b) huye de los escaparates ostentosos.
   c) se considera una persona prudente y reservada.

16. En la entrevista se dice que…
   a) las actrices no fueron las únicas en hablar de estos zapatos.
   b) Bianca Jagger conoció los manolos en los años 60.
   c) en los años 60 se empezaron a fabricar los manolos.

17. El diseñador nos explica…
   a) que siempre recuerda un bar llamado Manolo cuando hablan de sus zapatos.
   b) que en el extranjero es normal conocer sus zapatos como manolos.
   c) que es un poco inconsciente llamar manolos a sus zapatos.

18. En la audición escuchamos que…
   a) casi todo el calzado de Manolo Blahnik se hace a mano.
   b) los tacones de los manolos son artesanales.
   c) los tacones de los manolos miden 12 centímetros.

Preparación Diploma de Español (Nivel B2)

CD I

Pista 22

TAREA 4

A continuación va a escuchar a seis personas comentando un artículo sobre los cambios producidos en los hábitos culturales debidos a la tecnología, a partir de una iniciativa de un museo de Inglaterra llamada Street Museum. Escuchará a cada persona dos veces.
Después, seleccione el enunciado, a)-j), que corresponde al tema del que habla cada persona, 19-24. Hay diez enunciados incluido el ejemplo. Seleccione únicamente seis.

Dispone de 20 segundos para leer los enunciados.
Escuche el ejemplo:
    Persona 0
    La opción correcta es el enunciado **a**.

ENUNCIADOS

a) *Las personas se han ido adaptando a las nuevas formas de acceso a la cultura, muchas veces por obligación.*

b) Se podría crear alguna aplicación informática para visitar virtualmente civilizaciones antiguas.

c) No todo el mundo tiene acceso a estas aplicaciones informáticas, bien por edad, bien por limitaciones económicas.

d) El proyecto Street Museum se va a poner en práctica en Grecia y Roma.

e) No se puede comparar el ver una obra de arte personalmente con una aplicación informática.

f) La cultura se ha visto afectada por las nuevas herramientas informáticas.

g) Las cartas dieron paso a Twitter y otras redes sociales.

h) Una aplicación informática de un museo de Londres ha hecho que la cultura sea accesible a cualquier persona.

i) La universalización de la cultura depende del «diseño para todos».

j) Los museos no han transformado las costumbres culturales de la gente.

	PERSONA	ENUNCIADO
	Persona 0	a)
19.	Persona 1	
20.	Persona 2	
21.	Persona 3	
22.	Persona 4	
23.	Persona 5	
24.	Persona 6	

CD I
Pista 23

TAREA 5

A continuación va a escuchar a una mujer que habla sobre la costumbre victoriana de las fotografías post mórtem. Escuchará la audición dos veces. Después, conteste a las preguntas, 25-30. Seleccione la respuesta correcta, a), b) o c).

Dispone de 30 segundos para leer las preguntas.

PREGUNTAS

25. En este audio se dice que…
    a) las primeras cámaras estaban formadas por una caja metálica y una cortina.
    b) las primeras cámaras de fotos se colocaban sobre tres patas.
    c) las primeras cámaras de fotos sustituyeron a los cuadros de difuntos.

26. Esta mujer dice que en el siglo XIX…
    a) no se hacían fotografías porque exigía mucho tiempo.
    b) hacer retratos pintados exigía mucho tiempo.
    c) la gente encargaba cuadros de sus seres queridos fallecidos.

27. En la audición escuchamos que…
    a) en la época victoriana estaban insensibilizados con la muerte.
    b) en los medios de comunicación aparecen tantos fallecimientos como nacimientos.
    c) en el siglo XIX la muerte se aceptaba mejor que ahora.

28. En la audición nos explican que…
    a) para hacerse una foto con el daguerrotipo había que posar más de 10 minutos.
    b) la fotografía estaba lista en un tiempo que variaba de 15 a 30 minutos.
    c) el daguerrotipo era un aparato bastante frágil.

29. En este audio se dice que…
    a) el inconveniente más destacable era el tiempo de exposición.
    b) era impensable posar durante tanto tiempo para hacerse una foto.
    c) el proceso de realización de las antiguas fotos podían afectar a la salud.

30. La mujer dice que…
    a) los difuntos siempre son los mejores modelos.
    b) las antiguas fotografías no se podían copiar.
    c) se repartían objetos del fallecido entre los familiares.

Anote el tiempo que ha tardado:

Recuerde que solo dispone de **40 minutos**

PRUEBA 3 **Expresión e interacción escritas**

80 min Tiempo disponible para las 2 tareas.

TAREA 1

Dentro de unas semanas usted se va a casar y está haciendo los preparativos necesarios. Ha escuchado un audio sobre un estudio de fotografía y le gustaría que fueran ellos los encargados de hacer el reportaje del evento. Escriba un correo electrónico al estudio fotográfico. En el correo debe:
- presentarse;
- explicar el motivo de su correo;
- solicitar información sobre precios, características, etc., de las fotografías;
- explicarles el estilo de las fotos que desea;
- explicarles cómo ha conocido el estudio y por qué prefiere fotos a un vídeo.

Número de palabras: entre 150 y 180.

CD I
Pista 24

*Va a escuchar a un **fotógrafo especializado en bodas.***

Solicitud de información

CORREO ELECTRÓNICO Y CARTA TRADICIONAL
Los dos tienen la misma estructura. Las normas generales de las cartas formales son aplicables a los correos electrónicos.
En el correo electrónico, frente a la carta, no se necesita poner lugar y fecha en la parte superior.
Un correo electrónico se puede enviar a varias personas al mismo tiempo.
Una de las ventajas del correo electrónico es la inmediatez.

Además…

1. Manifiesta tu deseo de reunirte con alguien de la empresa para que te enseñen modelos del producto que quieres.
2. Ofrece horas potenciales en las que podríais reuniros.
3. Utiliza un lenguaje claro, sin demasiado artificio.

Modelo de solicitud de información por correo electrónico

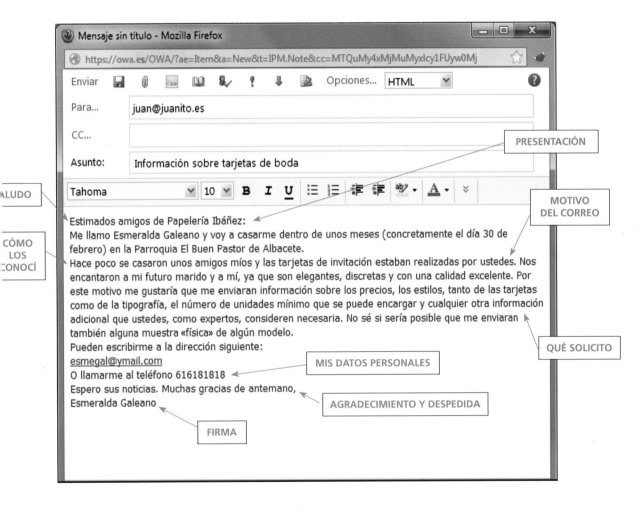

TAREA 2

Elija solo una de las dos opciones que se le ofrecen a continuación:

OPCIÓN 1

Usted colabora con una revista de orientación familiar y le han pedido que escriba un artículo sobre el tiempo que dedican los españoles al mantenimiento del hogar. En él debe incluir y analizar la información que se ofrece en el siguiente gráfico:
Número de palabras: entre 150 y 180.

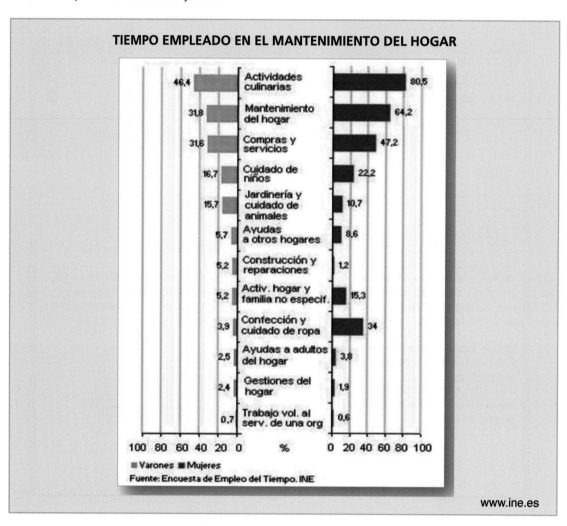

TIEMPO EMPLEADO EN EL MANTENIMIENTO DEL HOGAR

Actividad	Varones	Mujeres
Actividades culinarias	46,4	80,5
Mantenimiento del hogar	31,8	64,2
Compras y servicios	31,6	47,2
Cuidado de niños	16,7	22,2
Jardinería y cuidado de animales	15,7	10,7
Ayudas a otros hogares	5,7	8,6
Construcción y reparaciones	5,2	1,2
Activ. hogar y familia no especif.	5,2	15,3
Confección y cuidado de ropa	3,9	34
Ayudas a adultos del hogar	2,5	3,8
Gestiones del hogar	2,4	1,9
Trabajo vol. al serv. de una org	0,7	0,6

Varones ■ Mujeres
Fuente: Encuesta de Empleo del Tiempo. INE

www.ine.es

Redacte un texto en el que deberá:
- destacar las actividades no remuneradas a las que se dedica mayor y menor tiempo en el seno de la familia;
- señalar las diferencias que existen entre hombres y mujeres en el mantenimiento del hogar;
- resaltar otros datos del estudio que considere relevantes del estudio y expresar su opinión sobre la información recogida en el gráfico;
- recoger en una conclusión las medidas que se podrían tomar para mejorar el tiempo dedicado a las actividades domésticas.

OPCIÓN 2

Usted tiene un blog en el que suele incluir sus opiniones sobre espectáculos. Anoche asistió a una obra de teatro y ha decidido escribir una crítica sobre ella. Para ello cuenta con la información facilitada en el programa de mano que le dieron en la sala.
Número de palabras: entre 150 y 180.

El coloquio de los perros
Adaptación teatral de la obra de Miguel de Cervantes

★ ★ ★ ★ ★

Fecha: 23 de abril.
Hora: 20:00 h.
Lugar: Teatro Pavón.
Compañía: Els Joglars y el Centro Nacional de Teatro Clásico.

Sinopsis: *El coloquio de los perros* es una historia que trata el tema de las relaciones entre estos animales y los humanos dentro de la sociedad de bienestar. La trama se centra en Manolo, un guardia de seguridad de una perrera municipal, que explica al público cómo y por qué ha llegado hasta ese lugar; y en dos perros, Cipión y Berganza, que durante una noche obtuvieron el don del habla de forma sobrenatural y que relatarán su vida al espectador, aportando de manera reflexiva su visión del mundo en el que les ha tocado vivir... y ladrar. Ese día, una pareja de defensores de los derechos de los animales entran en la perrera para liberarlos, pero estos se niegan a salir de su jaula, por considerar que fuera estarán peor. El día amanece y Cipión y Berganza pierden el don del habla, aunque quedan con el guarda para seguir la charla a la noche siguiente.

Adaptado de www.coverset.es

Redacte un texto en el que deberá:
- hacer una pequeña introducción sobre la adaptación de las obras clásicas a la realidad actual;
- valorar la puesta en escena y el trabajo de los actores;
- explicar la reacción del público a lo largo de la representación;
- dar su opinión personal sobre la obra.

**Anote el tiempo
que ha tardado:**

Recuerde que solo
dispone de **80 minutos**

PRUEBA 4  Expresión
e interacción orales

 20 min Tiempo disponible para las 3 tareas.

 20 min Tiempo disponible para la preparación de la intervención oral.

TAREA 1

Debe hablar durante 3 o 4 minutos de las ventajas e inconvenientes de una serie de soluciones que se proponen para un determinado problema. Después, conversará con el entrevistador sobre el tema. Tiempo total, 6-7 minutos.

LA PRÁCTICA DEL DEPORTE

El estilo de vida actual es bastante sedentario, lo que está ocasionando serios trastornos tanto físicos como psíquicos en el conjunto de la población.

Expertos en salud y deporte se han reunido para poner en común algunas medidas que ayuden a mejorar la situación.

Lea las propuestas recogidas y explique las ventajas e inconvenientes de, como mínimo, cuatro de ellas.

Después de su monólogo conversará con el entrevistador sobre el tema y las propuestas.

En su exposición debe especificar por qué le parece una buena o mala solución esa propuesta, qué inconvenientes puede tener, a quién beneficia y a quién perjudica; si puede ocasionar otros problemas o si habría que precisar algo más…

Se deberían hacer campañas mundiales para favorecer el ejercicio físico y una vida más activa. Quedarse en casa viendo la tele o jugando a la maquinita puede ocasionar colesterol, diabetes, enfermedades coronarias...

El deporte puede provocar lesiones o accidentes cardiovasculares, sobre todo a determinadas edades. Es mejor realizar ejercicio físico moderado como caminar, nadar, bailar...

El deporte tiene múltiples ventajas: favorece el trabajo en equipo, mejora el estado de salud, ayuda a prevenir enfermedades, anima a superar dificultades, eleva el estado de ánimo...

Yo establecería normas sobre la práctica del deporte en edades tempranas. Prohibiría las sesiones largas de entrenamiento, no permitiría las restricciones en la alimentación y evitaría el exceso de competitividad.

En mi opinión, tanto deporte no es bueno: antes no lo hacíamos y no pasaba nada. Yo ahora veo a jóvenes obsesionados con los músculos, con las proteínas, con el gimnasio... Eso no puede ser bueno. Y además es caro.

Habría que aprobar leyes que persiguieran de verdad el dopaje y que controlaran las competiciones que exigen metas imposibles de alcanzar para el ser humano.

EXPOSICIÓN
Ejemplo: *Yo estoy de acuerdo con la opinión de que el deporte tiene múltiples ventajas porque…*

CONVERSACIÓN
Cuando el candidato termine su monólogo sobre las propuestas de la lámina (3 o 4 minutos), el entrevistador le hará algunas preguntas sobre el tema durante otros 3 minutos.
La duración total de esta tarea es de 6 a 7 minutos.

EJEMPLO DE PREGUNTAS DEL ENTREVISTADOR
Sobre las propuestas
- ¿Está de acuerdo con todas las propuestas? ¿Eliminaría o añadiría alguna?

Sobre su realidad
- ¿Considera que en su país la gente realiza suficiente ejercicio físico? En caso negativo, ¿en qué edades es más apreciable el problema? ¿Se da por igual en hombres y en mujeres? ¿Se han tomado o se van a tomar medidas para resolverlo?

Sobre sus opiniones
- ¿Cree que fomentar el deporte desde edades tempranas es importante? ¿Cree que esto debe ser una tarea de cada persona, de los padres, de la escuela, del Ministerio de Sanidad, del Gobierno…? ¿Qué haría, al respecto, si fuera médico, político o si tuviera hijos?
- ¿Usted realiza ejercicio físico o practica algún deporte? ¿Qué es lo que más valora del deporte?

TAREA 2

Usted debe imaginar la situación que se está produciendo en la fotografía y, a continuación, tiene que describirla durante 2 minutos aproximadamente, a partir de unas preguntas que se le ofrecen. Puede haber más de una respuesta.
Despúes, hablará con el entrevistador y expresará sus opiniones sobre ese tema.

UN ACTO O ESPECTÁCULO PÚBLICO
Las personas que ve en la fotografía están asistiendo a un acto o espectáculo. Tiene que imaginar la situación y hablar de ello durante 2 minutos aproximadamente. Puede centrarse en los siguientes aspectos:

- ¿Dónde cree que se encuentran estas personas? ¿Por qué piensa eso?
- ¿Cree que existe alguna relación entre ellas? ¿Por qué? ¿Tienen algo en común?
- Seleccione dos o tres personas de la fotografía e imagine cómo son, dónde viven, a qué se dedican…
- ¿Puede explicar, a partir de los gestos y actitudes de las distintas personas, qué está pasando en ese momento?
- ¿Qué cree que va a suceder después? ¿Cómo va a continuar la escena?

Después de la descripción, el entrevistador le hará algunas preguntas sobre el tema hasta completar el tiempo total de esta prueba, que es de 5-6 minutos.

EJEMPLOS DE PREGUNTAS DEL ENTREVISTADOR
- ¿Ha asistido a un acto o espectáculo como el de la foto? En caso afirmativo, ¿puede contar los detalles: dónde fue, con quién iba…?
- ¿Qué opinión tiene sobre los desfiles de moda? ¿Ha asistido a alguno o tiene intención de asistir? Justifique su punto de vista.

TAREA 3

Usted tiene que dar su opinión a partir de unos datos de noticias, encuestas, etc., que se le ofrecen (2-3 minutos). Después, debe conversar con el entrevistador sobre esos datos, expresando su opinión al respecto.
Esta tarea no se prepara previamente.

ENCUESTA SOBRE ACTIVIDADES CULTURALES
Lea los resultados de la siguiente encuesta:

Escuchar música y leer, lo más frecuente

La Encuesta de Hábitos y Prácticas Culturales 2010-2011, realizada por el Ministerio de Cultura, refleja que las actividades culturales más frecuentes, en términos anuales, en la población española son escuchar música, leer e ir al cine, con tasas del 84,4%, el 58,7% y el 49,1% respectivamente.

Cada año, el 40% de la población asiste a espectáculos culturales en directo. Entre ellos, destacan los conciertos de música actual (25,9%) y el teatro (19,0%).

Fuente: España en cifras 2012. www.ine.es

A continuación dé su opinión sobre los resultados de esta encuesta:
- ¿Le sorprende alguno de ellos?
- ¿Cuáles serían los resultados de esta encuesta en su país?
- ¿Con qué frecuencia realiza las siguientes actividades culturales?

Ver vídeos ....

Visitar exposiciones ....

Asistir a conciertos de música actual ....

Leer libros ....

Asistir al cine ....

Visitar museos ....

Escuchar música ....

Visitar monumentos ....

Preparación Diploma de Español (Nivel B2)

INFORMACIÓN, MEDIOS DE COMUNICACIÓN Y SOCIEDAD

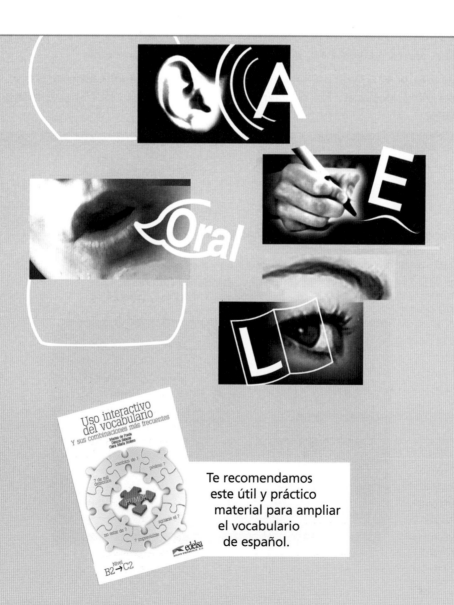

Te recomendamos este útil y práctico material para ampliar el vocabulario de español.

FICHA DE AYUDA
Para la expresión e interacción
escritas y orales

VOCABULARIO

PRENSA Y TELEVISIÓN

Artículo de opinión (el) ....
- de fondo ....
Audición (la) ....
Cámara (el) ....
Censura (la) ....
Corresponsal (el/la) ....
Dato (el) ....
Emisión (la) ....
Enviado/a especial (el/la) ....
Espacio publicitario (el) ....
Informativos (los) ....
Libertad de prensa (la) ....
Medio audiovisual (el) ....
Noticias de actualidad (las) ....
Noticia fiable (la) ....
- de última hora ....
Oyente (el/la) ....
Parte meteorológico (el) ....
Prensa rosa (la) ....
- del corazón ....
- amarilla ....
Pie de foto (el) ....
Portada (la) ....
Programa televisivo (el) ....
Programación apta para todos los públicos (la) ....
Redactor/-a (el/la) ....
Reportero/a (el/la) ....
Rumor (el) ....
Telespectador/-a (el/la) ....
Teleadicto/a (el/la) ....
Titular (el) ....
Última hora (la) ....

Verbos y expresiones

Cambiar de canal ....
Dar una rueda de prensa ....
Enterarse de una noticia por casualidad ....
Formular una crítica ....
Mantener el contacto ....
Perderse un programa ....
Suscribirse a un periódico ....
Zapear ....

CORRESPONDENCIA ESCRITA

Carta confidencial (la) ....
Carta de solicitud de trabajo (la) ....
Certificar una carta ....
Correo certificado (el) ....

Verbos y expresiones

Entregar en mano ....
Recoger la correspondencia en mano ....

PUBLICIDAD

Buzoneo (el) ....
Campaña publicitaria (la) ....
Estudio de mercado (el) ....
Lanzamiento de un producto (el) ....
Propaganda (la) ....
Publicidad subliminal (la) ....

TELÉFONO, ORDENADORES E INTERNET

Altavoz (el) ....
Base de datos (la) ....
Chat (el) ....
Compañía telefónica (la) ....
Curso presencial (el) ....
- virtual ....
Cursor (el) ....
Derecho a la propiedad intelectual (el) ....
Descarga (i)legal (la) ....
Disco duro (el) ....
Equipo informático (el) ....
Escritorio (el) ....
Foro (el) ....
Hoja de cálculo (la) ....
Intercambio de archivos (el) ....
Internauta (el/la) ....
Monitor (el) ....
Pantalla plana (la) ....
Recibo (el) ....
Redes sociales (las) ....
Servidor (el) ....
Tecnología multimedia (la) ....
Transferencia de ficheros (la) ....
Vídeo casero (el) ....

Verbos y expresiones

Abrir(se) una cuenta de correo ....
Acceder a
Adjuntar un documento
Apuntarse en una lista de distribución ....
Bloquear(se) el ordenador ....
Cambiar la configuración ....
Colgar algo en la web
Configurar ....
Contratar una tarifa plana
Cortar(se) la comunicación ....
Dar de alta/de baja la línea ....
Dar un buen/mal servicio
Hacer una llamada local ....
- interurbana
Llamar a cobro revertido ....
Pinchar en un enlace
(Re)iniciar el ordenador

PRUEBA 1  Comprensión de lectura

70 min
Tiempo disponible
para las 4 tareas.

TAREA 1

A continuación va a leer un texto. Después, deberá contestar a las preguntas, 1-6, y seleccionar la respuesta correcta, a), b) o c).

¿Facebook o Twitter? Depende de si uno tiende al exhibicionismo o al narcisismo. Facebook, la mejor opción para los exhibicionistas, ofrece un espléndido escaparate para aquellos que necesitan compartir su vida con el mundo, desde el beso con la novia al cruasán del desayuno o las nuevas zapatillas. Twitter, por el contrario, se acomoda al narcisista, al que tiene que demostrar al máximo número de gente posible lo listo que es o lo informado que está. Da igual generar admiradores o enemigos, con tal de que se cumpla el requisito primario de que se le preste atención.

Según un estudio realizado en Australia hace un par de años, existe una correlación entre las horas que la gente dedica a las redes sociales y el grado de soledad que siente en su vida. Esto no significa que todos los que navegan por las redes sociales sean unos tristes ineptos en el cara a cara. Seguramente se podrá decir que cuantas más horas uno pase en las redes mayor posibilidad hay de sufrir un trastorno depresivo o antisocial.

El diálogo es constante y atraviesa fronteras, pero la calidad de la comunicación es limitada. Al no poder ver al otro, al no detectar sus momentos de duda o rabia, la conexión no es humanamente completa. Uno muestra su mejor cara, sin dejar entrever sus puntos débiles, con lo que proyecta una visión idealizada de uno mismo. En el mundo físico, uno se delata, por más que pretenda vender una imagen de autosuficiencia. Es así como se crean relaciones de auténtica amistad.

Con las redes sociales vemos la telenovela o el partido y al mismo tiempo compartimos por el telefonito comentarios sobre lo que vemos. Siempre y cuando uno tenga también una vida fuera del terreno informático, las redes sociales ofrecen la posibilidad de hacer algo menos complicado o ambicioso que forjar relaciones nuevas o sondear en las profundidades de nuestro ser: nos permiten pasar un rato divertido.

¿Es esto peligroso? Twitter puede crear complicados problemas legales en el caso de que más países decidan seguir el ejemplo del Reino Unido. Allá se considera que los tuiteros están sujetos a las mismas leyes de difamación que los periódicos. En el Reino Unido, en noviembre, un hombre fue acusado falsamente de pederastia en Twitter. Ahora, tanto la persona que publicó el tuit original como los que le retuitearon viven bajo la amenaza de una demanda.

Finalmente, ¿con quién voy? Decididamente con Twitter. Muchos periodistas dicen que se han metido en esta profesión para cambiar el mundo, para defender los derechos humanos, incluso para contar la verdad. Algo de eso hay, sin duda. Pero negar que, como todos los escritores, lo hacemos también por vanidad, para ser admirados y llegar a muchos lectores es caer en el autoengaño. Twitter alimenta el narcisismo y no es ninguna casualidad que muchísimos periodistas seamos tuiteros.

John Carlin
Adaptado de *http://sociedad.elpais.com*

PREGUNTAS

1. Según el texto,...

a) Facebook es más usado entre la gente enamorada.
b) Twitter es más apropiado para personas egocéntricas.
c) en Twitter se generan más enemigos que en Facebook.

2. En el texto se indica que el uso de las redes sociales...

a) es propio de personas que están deprimidas.
b) hace más difíciles las relaciones sociales en la vida real.
c) es mayor entre personas solitarias.

3. Una relación humana auténtica, según el texto,...

a) es posible si uno habla de sus puntos débiles.
b) exige que la persona no sea autosuficiente.
c) no puede crearse a través de las redes sociales.

4. En el texto se señala que las redes sociales...

a) son recomendables si se tienen también relaciones en el mundo real.
b) ofrecen diversión sin complicaciones.
c) ofrecen una vida distinta dentro del terreno informático.

5. Según el texto, Twitter puede causar problemas legales...

a) a los que comuniquen información no verificada.
b) en países que tienen el mismo sistema legal del Reino Unido.
c) solo a los que comienzan un rumor en Twitter.

6. El autor del texto indica que, en su opinión,...

a) el fin básico del periodismo es contar la verdad.
b) los periodistas ambicionan la admiración de la gente.
c) los periodistas engañan a veces a los lectores para ser admirados.

Preparación Diploma de Español (Nivel B2)

TAREA 2

A continuación va a leer cuatro textos en los que cada persona habla de la formación en línea. Después, tendrá que relacionar las preguntas, 7-16, con los textos, a), b), c) y d).

PREGUNTAS

	a) Óscar	b) Raquel	c) Eduardo	d) Elena
7. ¿Quién considera que los tipos de educación tradicional y *on-line* se completan uno a otro?				
8. ¿Quién dice que con la enseñanza en línea es más fácil plantear los sistemas de examen?				
9. ¿Quién juzga que elegir un curso será más sencillo cuando se estabilice el sistema de enseñanza *on-line*?				
10. ¿Para quién es fundamental un cambio en la forma de pensar de los directivos de una empresa ante la enseñanza *on-line*?				
11. ¿Quién indica que la imagen que se tiene de la enseñanza tradicional es falsa?				
12. ¿Quién indica que la enseñanza *on-line* debe mucho a la tradicional?				
13. ¿Quién afirma que muchos centros están reconsiderando sus métodos de enseñanza?				
14. ¿Quién considera que la formación *on-line* no debería necesitar de la formación tradicional para su progreso?				
15. ¿Quién juzga imprescindible adaptarse a los nuevos tiempos para no estar fuera del mundo laboral y educativo?				
16. ¿Quién señala que en un principio el miedo a lo nuevo fue un obstáculo para el desarrollo de la enseñanza en línea?				

a) Óscar

La formación a través de Internet ofrece costes menos elevados que la formación tradicional, debido a la reducción considerable del tiempo que es necesario invertir en la formación, tanto por parte del alumno como, por supuesto, por parte del instructor, lo que implica un menor gasto. Otra ventaja es la flexibilidad en la evaluación: el propio sistema puede evaluar, previamente a la presentación del curso, a cada alumno en particular, para saber en qué nivel de conocimientos se encuentra y poder así adaptar la formación más adecuadamente según sus competencias. Por supuesto, también es posible realizar una evaluación al final de cada curso o módulo del mismo, para comprobar la efectividad de la formación. Es además un sistema con un alto grado de interactividad: por estar diseñado con tecnología multimedia se puede acceder a vídeos, imágenes, vocabulario, referencias cruzadas, etc.

b) Raquel

Todas las personas que trabajamos en el sector de la formación somos conscientes de que la formación en línea todavía no ha calado lo suficiente ni en el ámbito empresarial ni en el sistema educativo reglado. En el ámbito empresarial, este sistema implica un cambio de mentalidad en la dirección de formación de la empresa, así como un profundo dominio de los empleados en nuevas tecnologías. No obstante, todos los que trabajamos en ámbitos formativos somos conscientes de que la formación virtual no sustituirá en el futuro a la tradicional; ambas se complementarán y apoyarán. Todos los directamente implicados en tareas de formación y desarrollo, tanto corporaciones como universidades o escuelas de negocios, sabemos que no podemos dar la espalda a esta nueva concepción. Quien piense lo contrario y no esté en línea de salida cuando sea el momento, quedará irremediablemente fuera.

c) Eduardo

La educación virtual es una revolución sin vuelta atrás. Ha nacido una educación distinta a la tradicional, en muchos casos complemento de esta, pero esencialmente diferente. Esta caracterización permite inferir que la evolución de la educación virtual no debería depender de la tradicional. Sin embargo, en esta etapa inicial, la mayor parte de las acciones provienen de las estructuras tradicionales, y esto es lógico, pero también es lógico prever una incorrecta evolución si la educación virtual tiene que depender de la educación tradicional para su desarrollo. Estoy convencido de que la educación virtual cada vez tendrá más porcentaje de participación dentro del campo educativo porque sus fundamentos son sólidos y coincidentes con la evolución tecnológica del mundo y su presencia significativa será inevitable. No es *hija* de la educación tradicional, es *hermana*, llevan la misma sangre, se ayudan, se complementan, se necesitan, pero son dos vidas distintas.

d) Elena

Las primeras ofertas de formación *on-line* competían contra el temor hacia lo desconocido que inspiraba Internet y contra el mito de la educación presencial y participativa de la universidad. Cualquiera que haya pasado por las aulas universitarias españolas puede asegurar que eso es educación a distancia: clases masificadas, carentes de medios y donde la relación con el profesor es meramente protocolaria. Todo ello, junto a las ventajas del *e-learning*, propició un panorama muy prometedor que ha llevado a numerosas instituciones a replantearse sus cursos presenciales. En la actualidad se vive una proliferación de empresas que imparten cursos de posgrado y másteres *on-line*, por lo que el alumno debe realizar un cuidadoso proceso de selección. Todo apunta a que, cuando este fenómeno educativo esté más consolidado, los centros que imparten formación *on-line* alcanzarán mayor difusión social y consideración, con lo que será más fácil determinar las ofertas de calidad.

Adaptado de www.educaweb.com

Preparación Diploma de Español (Nivel B2)

TAREA 3

A continuación va a leer un texto del que se han extraído seis fragmentos. Después, lea los ocho fragmentos propuestos, a)-h), y decida en qué lugar del texto, 17-22, hay que colocar seis de ellos. Cuidado, hay dos fragmentos que no tiene que elegir.

el portal para el marketing, publicidad y los medios   los medios

Portada   Tarifas   Newsletter   Titulares en RSS   Contacto

Google™ Búsqueda personalizada   **Buscar**   ✕
con la tecnología de   Google™

Actualidad   Especiales   Creacion   Vídeo   Punto de Vista   Bolsa de Empleo   Servicios

LO ÚLTIMO » 08:30 **Anunciantes** Si los eslóganes de las grandes marcas fueran realistas...

30 mayo 2011 ·

Exactamente... ¿Qué es la publicidad subliminal?

La publicidad subliminal es algo que sabemos que existe, aunque no es fácil de reconocer y, de alguna forma, nos influye sin saber cómo. **17.** _____.

Sin embargo, nuestro cerebro sí es capaz de hacerlo. Este mecanismo de acción puede repercutir en nuestro organismo de dos formas. Una es incitando al consumo directo. Y otra acción de la publicidad subliminal es provocarnos una sensación de necesidad, por ejemplo, sed, hambre, etc. **18.** _____.

La publicidad subliminal fue estudiada por James McDonald Vicary (1915-1977), famoso publicista estadounidense, muy conocido por sus polémicos métodos. Realizó un falso experimento en el que acreditaba la efectividad de la publicidad subliminal. **19.** _____. Este prohibió la publicidad de este tipo, catalogándola por encima de la publicidad engañosa o la comparativa.

El experimento de Vicary es considerado como una leyenda urbana. Lo que hizo fue emitir una imagen de pocas décimas de segundo durante la filmación de una película en un cine. **20.** _____.

El resultado del experimento hizo aumentar la venta de palomitas en un 58% y del refresco en un 18%.

La revista de la Asociación Estadounidense de Psicología se ha tomado en serio los resultados del efecto de la publicidad subliminal. **21.** _____. Es decir, si tienes sed, te dan aún más ganas de beber, por decirlo de alguna manera.

La doctora en economía Annette Schäfer publicó un estudio bajo el nombre de *Neuromarketing* analizando por qué Coca-Cola se ha convertido en una de las marcas de refrescos más valoradas y vendidas, cuando en las catas a ciegas se suele preferir Pepsi. **22.** _____.

Se les evaluaron sus actividades cerebrales mientras recibían treinta y cinco refrescos diferentes con cafeína parecidos a la Coca-Cola. Los resultados están llenos de curiosidades. Resulta que la Pepsi producía una mayor actividad en una zona del cerebro relacionada con los sentimientos de satisfacción, pero sin embargo, la mayoría de los participantes del experimento preferían la Coca-Cola. ¿Estaban sugestionados por la publicidad subliminal? Sea publicidad subliminal o publicidad consciente, el conocer la marca lleva a un cambio básico en la actividad cerebral.

Adaptado de www.lavidacotidiana.es

FRAGMENTOS

a)

Los investigadores realizaron el experimento con el fin de examinar la actividad cerebral de los participantes.

b)

En un artículo demuestra que un anuncio de estas características potencia el efecto y refuerza una determinada conducta.

c)

Al emitirse un vídeo con una cadencia de catorce imágenes por segundo, no podemos percibir conscientemente cada una por separado.

d)

Resulta que Read Montague, un neurólogo y divulgador científico americano, realizó en el año 2003 un curioso experimento a cuarenta personas.

e)

Algo como «coma palomitas y beba Coca-Cola», imperceptible para el ojo humano pero no para el cerebro.

f)

Sin embargo, no se sabe con exactitud su alcance o hasta qué punto puede funcionar.

g)

A pesar de eso, se aplica a aquellos mensajes visuales con información que no se puede observar a simple vista.

h)

A pesar de tratarse de un mito, fue tenido en cuenta por muchos gobiernos, incluido el de Estados Unidos.

TAREA 4

A continuación va a leer un texto. Complete los huecos, 23-36, con la opción correcta, a), b) o c).

MUERTE ENTRE POETAS

Doña Agustina estaba sentada en una mecedora alfonsina de finales del siglo XIX, de madera tan brillante _____**23**_____ los ojos de su dueña. Un secreter de líneas sencillas estaba abierto a su lado, pegado a la pared junto a una chimenea de azulejos pintados _____**24**_____ mano. En el ambiente anticuado de la habitación solo desentonaba un ordenador portátil Macintosh de última generación que lucía encima de una mesa camilla. No _____**25**_____ extrañó que la vieja señora _____**26**_____ informatizada. Su propia tía Pau era una forofa de las nuevas tecnologías, y le resultaba de una gran utilidad en la gestión de la revista electrónica. Nacho sospechaba que tía Pau mantenía relaciones a través de Internet no del todo apropiadas para su edad y condición. Su tía no estaba para muchos trotes sentimentales, _____**27**_____ también era perfectamente consciente de las ventajas de mantener líos amorosos en la distancia del ciberespacio.

Nacho contempló pasmado las oscilaciones de la pantalla y luego la cara de doña Agustina.

–Buenos días –dijo ella–. Aunque, _____**28**_____, eso de «buenos»… Vamos a dejarlo.

Se rebulló en el asiento y acarició al gato, un abisinio delgado, musculoso y tranquilo, de ojos avellana y una coqueta nariz con orla negra. Tenía el pelaje anaranjado y su cola enlutada parecía un látigo de peluche. Entornó sus bellos ojos y envió un maullido displicente rumbo a Nacho, que lo miró tan sorprendido como si acabara _____**29**_____ hablar.

–Siéntate, hijo –doña Agustina señaló otra mecedora, gemela de la que ella ocupaba, al otro lado de la mesa–. Disculpa que no me _____**30**_____, pero estoy algo mareada. Tú debes de ser Ignacio Arán, ¿verdad? El joven poeta meteorólogo. El único que faltaba en esta desgraciada reunión…

–Empujó dulcemente al gato, que saltó desde sus piernas hasta el suelo de baldosines hidráulicos, de colores pastel deslucidos por el paso del tiempo.

–Llámeme Nacho. Así es _____**31**_____ me conoce todo el mundo.

–Si me _____**32**_____ de mejor humor, te diría que yo no soy todo el mundo, y que te llamaré como me dé la gana. Pero, ya ves… Hoy ni _____**33**_____ tengo sentido del humor. Lo he perdido, juntamente con el resto de mis sentidos, después de este desdichado…, hum, accidente.

–¿Accidente? He leído en Internet que al señor Arjona lo han apuñalado.

–Quiero decir que, lo más probable, a pesar de mis bromas al respecto, es que _____**34**_____ alguien de fuera, un intruso, un ladrón o alguien así, quien lo ha asesinado. Lo del «accidente» es una manera de hablar, joven.

–Ah, vale.

Nacho _____**35**_____ tendió la mano a doña Agustina y se asombró de sí mismo al _____**36**_____ haciendo una leve inclinación de cabeza.

Texto adaptado, Ángela Vallvey

23.	a) que	b) como	c) de
24.	a) a	b) por	c) en
25.	a) le	b) lo	c) se
26.	a) estuvo	b) estaba	c) estuviera
27.	a) sino	b) más	c) pero
28	a) en fin	b) por fin	c) a fin
29	a) al	b) de	c) con
30.	a) levantaré	b) levanto	c) levante
31.	a) como	b) para	c) que
32.	a) sentía	b) sentiría	c) sintiera
33.	a) además	b) siquiera	c) incluso
34.	a) haya sido	b) ha sido	c) había sido
35.	a) la	b) lo	c) le
36.	a) descubrió	b) descubrirse	c) descubriéndose

Anote el tiempo que ha tardado:

Recuerde que solo dispone de **70 minutos**

PRUEBA 2 **(A** Comprensión auditiva

CD II

Pista 1

40 **min** Tiempo disponible para las 5 tareas.

TAREA 1

A continuación va a escuchar seis conversaciones breves. Oirá cada conversación dos veces seguidas. Después, tendrá que seleccionar la opción correcta, a), b) o c), correspondiente a cada una de las preguntas, 1-6.
Dispone de 30 segundos para leer las preguntas.

PREGUNTAS

Conversación 1

1. En esa conversación…
   a) el hombre cuenta una noticia sin confirmar aparecida en la prensa rosa.
   b) la mujer se sorprende mucho de la noticia.
   c) la mujer dice que la cantante se ha separado recientemente.

Conversación 2

2. La Sra. de Alonso…
   a) recibirá en mano el correo certificado recogido por Víctor.
   b) tiene miedo de que el correo certificado sea una multa de tráfico.
   c) está molesta porque tiene que ir a Correos, que está al final del parque.

Conversación 3

3. En esta conversación telefónica…
   a) la mujer considera que no está bien explicada la factura del teléfono.
   b) el hombre confirma que la mujer realizó una llamada a Alemania el día 7 de abril.
   c) la mujer asegura que ella no aceptó ninguna llamada desde Alemania.

Conversación 4

4. De este diálogo se desprende que…
   a) para la mujer es una sorpresa que el hombre no le haya informado de una noticia muy importante.
   b) el hombre tiene mal aspecto porque no ha podido dormir en toda la noche.
   c) la mujer y el hombre van a ver en la televisión un reportaje sobre el ministro.

Conversación 5

5. En esta conversación…
   a) la madre le pide a su hijo que le deje cambiar de canal porque quiere ver las noticias.
   b) el hijo le dice a la madre que en la Cadena 8 empieza un programa tras los anuncios.
   c) la madre le reprocha al hijo que ya hayan empezado las noticias.

Conversación 6

6. En esta audición…
   a) Jaime explica a su abuela cómo puede encontrar un documento en Internet.
   b) la abuela quiere que su nieto hable con su tío Luis, que está en Alemania.
   c) la abuela consiguió instalar el antivirus de prueba con ayuda de su hija.

Preparación Diploma de Español (Nivel B2)

CD II

Pista 2

TAREA 2

A continuación va a escuchar una conversación entre dos personas que hablan sobre los vídeos relacionados con una posible conspiración en Internet, especialmente el más visitado de todos ellos, Zeistgeist. Después, indique si los enunciados, 7-12, se refieren a lo que dice Iker, a), Soledad, b), o ninguno de los dos, c). Escuchará la audición dos veces.
Dispone de 20 segundos para leer los enunciados.

PREGUNTAS

	a) Iker	b) Soledad	c) Ninguno de los dos
0. Hay documentales en los que, curiosamente, nadie reacciona.			✓
7. Peter Joseph es el productor de Zeistgeist.			
8. Zeistgeist ha tenido críticas positivas y negativas.			
9. En la tercera parte de Zeistgeist se dice que Jesucristo es la unión de otros mitos antiguos.			
10. Internet ha cambiado la forma de transmitir información.			
11. Los contenidos de Zeistgeist no son novedosos, pero la forma de presentarlos es atractiva.			
12. Aunque Zeistgeist no ha tenido publicidad, ha llegado a mucha gente.			

Comprensión auditiva

CD II

Pista 3

TAREA 3

A continuación va a escuchar parte de una entrevista a Carlos Iglesias, secretario general de la Aso-
ciación Española de Distribuidores y Editores de Software de Entretenimiento (aDeSe) que habla de
los videojuegos. Escuchará la entrevista dos veces. Después, conteste a las preguntas, 13-18. Selec-
cione la respuesta correcta, a), b) o c).
Dispone de 30 segundos para leer las preguntas.

PREGUNTAS

13. En la entrevista se dice que…
    a) los más afortunados siempre reciben videojuegos en Navidad.
    b) en Navidad todo el mundo recibe alguna vez un videojuego.
    c) los videojuegos son uno de los regalos que se hacen en Navidad.

14. En el audio escuchamos que…
    a) la producción de videojuegos atraviesa un buen momento en España.
    b) tanto la producción como el consumo de videojuegos atraviesan un buen momento.
    c) a pesar de la crisis económica, las familias consumen videojuegos.

15. Carlos Iglesias dice que…
    a) en España no hay muchas empresas creadoras de videojuegos.
    b) hay una industria de creación de videojuegos muy importante.
    c) los creativos de videojuegos se desarrollan profesionalmente.

16. En la entrevista se dice que…
    a) el 50% de las descargas de Internet es de videojuegos.
    b) no es fácil controlar la descarga ilegal de videojuegos.
    c) es imposible controlar del 50 al 60% de las descargas de Internet.

17. En el audio se dice que…
    a) hay gente que opina que los videojuegos son violentos.
    b) la opinión negativa hacia los videojuegos violentos ha cambiado.
    c) los niños que usan videojuegos son más inteligentes.

18. En la audición escuchamos que…
    a) los niños más sociables juegan con videojuegos.
    b) el uso correcto de los videojuegos une a padres e hijos.
    c) ha cambiado la opinión negativa sobre la influencia de los videojuegos en los niños.

CD II

 Pista 4

TAREA 4

A continuación va a escuchar a seis personas hablando sobre Internet y sus peligros. Escuchará a cada persona dos veces.
Después, seleccione el enunciado, a)-j), que corresponde al tema del que habla cada persona, 19-24. Hay diez enunciados incluido el ejemplo. Seleccione únicamente seis.

Dispone de 20 segundos para leer los enunciados.
Escuche el ejemplo:
    Persona 0
    La opción correcta es el enunciado **f**.

ENUNCIADOS

a) Desconfía de Internet por conocer una experiencia negativa cercana.

b) Para algunas personas Internet es como una droga, y no son conscientes del tiempo que pasan ante el ordenador.

c) Nos aconseja tener un buen antivirus en el ordenador para que no puedan robar nuestra información personal.

d) Un adicto a Internet está conectado más de 30 horas a la semana y, como consecuencia, no atiende bien ciertas actividades diarias.

e) Le robaron la contraseña de una red social y los ladrones la usaron para insultar a otros en su nombre.

f) *A más de la mitad de los jóvenes les parece imposible vivir sin Internet.*

g) El sexo es el tema principal de los vídeos que busca la gente adulta en Internet.

h) Con los niños hay que tener sentido común y permitirles usar Internet para buscar información.

i) Cree en la responsabilidad a la hora de usar Internet, pero no le parece que se deban prohibir contenidos.

j) Como utiliza el ordenador durante muchas horas en el trabajo, en su casa apenas lo usa.

PERSONA		ENUNCIADO
	Persona 0	f)
19.	Persona 1	
20.	Persona 2	
21.	Persona 3	
22.	Persona 4	
23.	Persona 5	
24.	Persona 6	

Comprensión auditiva

TAREA 5

A continuación va a escuchar a Mila Cahue, psicóloga, que nos da consejos sobre la forma de encontrar pareja en Internet y las características del medio. Escuchará la audición dos veces. Después, conteste a las preguntas, 25-30. Seleccione la respuesta correcta, a), b) o c).
Tiene 30 segundos para leer las preguntas.

PREGUNTAS

---

25. En este audio se dice que...
   a) Internet es el medio principal para encontrar pareja.
   b) podemos oír historias de todo tipo sobre la gente que usa Internet.
   c) cada vez hay más gente que usa Internet para conocer a otras personas.

26. Esta psicóloga dice que...
   a) en Internet se demuestran las habilidades sociales y personales.
   b) al principio, cuando se conoce a alguien por Internet, puedes sentirte confundido.
   c) las características de la red influyen en las primeras etapas de una relación.

27. En la audición escuchamos que...
   a) en Internet hay que aceptar que no le agrademos a alguien.
   b) mucha gente entra en Internet, por lo que hay que actuar con subjetividad.
   c) la primera regla de oro de Internet es actuar con subjetividad.

28. En la audición nos explican que...
   a) cuando accedemos a Internet tenemos que devolver el saludo a quien nos saluda.
   b) en la Red no es muy difícil que otras personas se comuniquen con nosotros.
   c) en la Red debes ignorar y borrar a quien te saluda.

29. Mila Cahue dice que...
   a) Internet no se ha inventado para ganar tiempo.
   b) leer todos los correos que nos mandan es otra regla de oro.
   c) no hay que molestarse por ciertas ofertas que nos puedan hacer en Internet.

30. La mujer dice que...
   a) es difícil no perder el tiempo en Internet.
   b) la Red sirve para ganar tiempo.
   c) conocer a alguien en Internet no siempre es una forma de perder el tiempo.

Anote el tiempo que ha tardado:

Recuerde que solo dispone de **40 minutos**

PRUEBA 3   Expresión e interacción escritas

80 min

Tiempo disponible para las 2 tareas.

TAREA 1

A usted le han dado de baja su línea telefónica sin haberlo solicitado. Tras varios intentos de solucionar el problema, no ha obtenido ningún resultado. Ha escuchado en la radio las quejas de algunos usuarios de su misma compañía, y ha decidido escribir una reclamación formal a la compañía. Escriba un correo electrónico al Departamento de Atención al Cliente. En el correo debe:

- *presentarse;*
- *aducir el motivo de su reclamación;*
- *explicar los problemas previos que ha tenido y que le han llevado a solicitar una reclamación formal;*
- *dar cuenta de las medidas legales que tomará si no solucionan su problema.*

Número de palabras: entre 150 y 180.

CD II

Pista 6

*Va a escuchar a un **cliente afectado por un problema con su compañía de teléfonos, que comenta su experiencia en un programa de radio.***

Reclamación por fallo en el servicio

IMPORTANTE

- No olvide adjuntar cualquier tipo de documento que presente pruebas para su reclamación.
- Dé todas las explicaciones precisas. Si es posible, especifique fechas, horas y nombres de las personas con quienes habló.
- Mantenga una postura firme, pero cortés y educada.

1. El motivo de la presente carta es expresarles mi descontento por…
2. Considero que no soy responsable de la situación en la que me encuentro…
3. Les agradecería que me respondieran con la mayor brevedad posible…

Modelo de carta de reclamación a un seguro

MOTIVO DEL CORREO

ENCABEZADO

PROBLEMAS ACONTECIDOS

DESPEDIDA

RECLAMACIÓN Y SOLICITUD DE RESPUESTA

Gotera y reparación del seguro - Mensaje (HTML)

Para... Reparatrix@reparac.com

Asunto: Gotera y reclamación al seguro

Muy señores míos:

Mi nombre es Javier González García y les escribo para comunicarles que el pasado día 20, al llegar de vacaciones, encontré una gotera en mi dormitorio.

Me puse en contacto con ustedes y me comunicaron que era el seguro del responsable de la gotera el que debía ocuparse de la reparación. Así se lo comuniqué a mi vecino, quien, para mi sorpresa, me respondió que no tenía seguro de la casa. A continuación, llamé a su compañía para pedirles una solución, pues mi seguro cubre también los daños ocasionados por terceros. Sin embargo, uno de sus comerciales me contestó, de forma bastante desagradable, que las condiciones del contrato habían cambiado a principios de año, algo de lo que no he sido informado en ningún momento. Por ello, me dirigí al responsable del departamento de reparaciones, quien me confirmó la información dada por el comercial.

Obviamente, y puesto que no había recibido comunicación de tal cambio de condiciones, reclamé la reparación de la gotera a mi agente. Este me puso en contacto con otras personas, que ignoraron igualmente mi reclamación. Mientras tanto, la gotera sigue creciendo y está afectando a la habitación contigua.

Ante esta situación, les exijo una respuesta rápida, ya que su actitud me resulta inadmisible y me siento totalmente desprotegido. De lo contrario, me veré obligado a tomar medidas legales.

Atentamente,
Javier González

TAREA 2

Elija solo una de las dos opciones que se le ofrecen a continuación:

OPCIÓN 1

Usted colabora con una revista universitaria y le han pedido que escriba un artículo sobre los hábitos de los usuarios de Internet en los últimos años. En él debe incluir y analizar la información que se ofrece en el siguiente gráfico.
Número de palabras: entre 150 y 180.

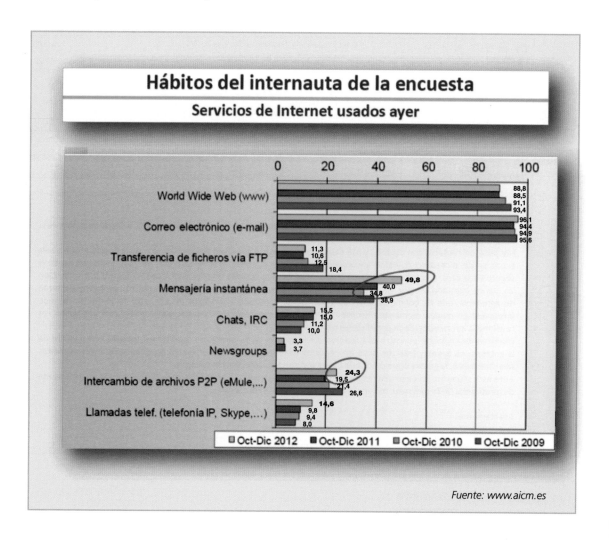

Redacte un texto en el que deberá:
- hacer referencia a los servicios más empleados por los españoles en Internet;
- señalar la evolución del uso de estos servicios en los últimos cuatro años;
- resaltar los datos que considere más relevantes del estudio;
- expresar su opinión sobre la información recogida en el gráfico;
- realizar una breve conclusión y hacer una previsión sobre el futuro de Internet en España.

OPCIÓN 2

Usted forma parte de una asociación que fomenta los valores de la juventud y le han pedido que dé una charla sobre el cambio de hábitos ocasionados por el uso de Internet. Debe señalar los principales problemas y proponer soluciones. Para preparar el texto que va a leer cuenta con unas notas que ha tomado de un informe sobre el tema.
Número de palabras: entre 150 y 180.

DISMINUCIÓN DEL TIEMPO DEDICADO A ESTAS ACTIVIDADES POR EL USO DE INTERNET

- Trabajar… casi un 5%
- Estar con amigos o con la pareja… casi un 10%
- Pasear… 9,7%
- Estudiar… 9,8%
- Practicar algún deporte… un 15%
- Dormir… más de un 15%
- Ir al cine… 17,4%
- Oír la radio… sobre un 18%
- Leer… un 26%
- Buscar información en catálogos, guías… un 36%
- Estar sin hacer nada… casi un 54%
- Ver la tele… un 64%
- Otras actividades… un 1,5% más o menos

Adaptado de www.aicm.es

Redacte un texto en el que deberá:
- hacer una pequeña introducción sobre los principales valores que hay que fomentar en los jóvenes;
- señalar los aspectos positivos que tiene Internet;
- destacar los cambios de hábitos que se están produciendo por su uso;
- contar algún caso concreto o ejemplo donde se advierta este cambio de hábitos;
- proponer pautas de actuación para paliar los aspectos negativos.

Anote el tiempo que ha tardado:

Recuerde que solo dispone de **80 minutos**

PRUEBA 4 | **Expresión e interacción orales**

 20 min Tiempo disponible para las 3 tareas.

 20 min Tiempo disponible para la preparación de la intervención oral.

TAREA 1

Debe hablar durante 3 o 4 minutos de las ventajas e inconvenientes de una serie de soluciones que se proponen para un determinado problema. Después, conversará con el entrevistador sobre el tema. Tiempo total, 6-7 minutos.

PROBLEMAS DE INTERNET

Internet es un medio de comunicación que ofrece innumerables ventajas en este mundo globalizado. Sin embargo, presenta también numerosos problemas e inconvenientes que, en ocasiones, derivan en lamentables consecuencias.

Expertos sobre Internet se han reunido para denunciar los principales problemas y discutir algunas medidas que ayuden a remediarlos.

Lea las propuestas recogidas y explique las ventajas e inconvenientes de, como mínimo, cuatro de ellas.

Después de su monólogo conversará con el entrevistador sobre el tema y las propuestas.

En su exposición debe especificar por qué le parece una buena o mala solución esa propuesta, qué inconvenientes puede tener, a quién beneficia y a quién perjudica; si puede ocasionar otros problemas o si habría que precisar algo más…

> Se debería fomentar el acceso a Internet en los países menos desarrollados para impedir la distancia digital y favorecer su progreso. Ordenadores básicos y baratos, acceso público y gratuito pueden ser algunas de las soluciones.

> Sería deseable que se ofreciera más seguridad en los pagos con tarjeta en la Red. Además habría que tener más control y prevención ante los virus.

> Habría que controlar y vigilar más las redes sociales para evitar los ataques a la privacidad, los abusos y el acoso. Los niños y jóvenes tienen que estar protegidos de los peligros de la Red.

> Sería conveniente establecer normas en el uso de la publicidad, que es excesiva e interfiere en los contenidos. Habría también que mejorar la calidad de acceso a la Red y bajar los precios, que son muy altos.

> Yo crearía leyes para preservar el derecho a la propiedad intelectual. Los contenidos culturales como la música, la prensa, la literatura... tienen que pagarse. La cultura está en peligro si se toleran los contenidos piratas.

> Creo que habría que dejar las cosas como están. Nadie puede impedir que los usuarios compartan los contenidos en la Red. Esto permite la democratización de los contenidos culturales.

EXPOSICIÓN
Ejemplo: *Yo estoy de acuerdo con la propuesta de establecer normas en el uso de la publicidad porque...*

CONVERSACIÓN
Cuando el candidato termine su monólogo sobre las propuestas de la lámina (3 o 4 minutos), el entrevistador le hará algunas preguntas sobre el tema durante otros 3 minutos.
La duración total de esta tarea es de 6 a 7 minutos.

EJEMPLO DE PREGUNTAS DEL ENTREVISTADOR
Sobre las propuestas
- ¿Está de acuerdo con todas las propuestas? ¿Eliminaría o añadiría alguna?

Sobre su realidad
- ¿Considera que en su país hay problemas en el uso de Internet? En caso afirmativo, ¿cuáles son los más importantes? ¿Se han tomado o se van a tomar medidas para resolverlos?

Sobre sus opiniones
- ¿Cuáles cree que son las principales ventajas y los inconvenientes de Internet? ¿No cree que puede ocasionar dependencia, adicción o depresiones en algunas personas? ¿Qué actividades se dejan de hacer por el uso de Internet? ¿Qué haría respecto a este tema si fuera médico, político o si tuviera hijos?

TAREA 2

Usted debe imaginar la situación que se está produciendo en la fotografía y, a continuación, tiene que describirla durante 2 minutos aproximadamente, a partir de unas preguntas que se le ofrecen. Puede haber más de una respuesta.

Después, hablará con el entrevistador y expresará sus opiniones sobre ese tema.

UNA NOTICIA INESPERADA

La persona que ve en la fotografía está recibiendo o trasmitiendo una noticia por teléfono. Imagine la situación y hable sobre ello durante 2 minutos aproximadamente. Puede centrarse en los siguientes aspectos:

- ¿Dónde cree que se encuentra esta persona? ¿Por qué piensa eso?
- Imagine quién es, cómo es, dónde vive, a qué se dedica…
- ¿Qué cree que ha sucedido? ¿Por qué?
- ¿Puede explicar, a partir de la imagen, cómo se siente esta mujer?
- ¿Qué cree que va a suceder después de esta conversación?

Después de la descripción, el entrevistador le hará algunas preguntas sobre el tema hasta completar el tiempo total de esta prueba, que es de 5-6 minutos.

EJEMPLOS DE PREGUNTAS DEL ENTREVISTADOR

- ¿Ha vivido alguna vez una situación como la de la foto? ¿Puede contar qué sucedió, cómo se sintió, qué hizo después…?
- ¿Cree que, en general, la gente está preparada para trasmitir o recibir malas noticias? ¿Qué consejos daría para actuar correctamente en este tipo de situaciones?

TAREA 3

Usted tiene que dar su opinión a partir de unos datos de noticias, encuestas, etc., que se le ofrecen (2-3 minutos). Después, debe conversar con el entrevistador sobre esos datos, expresando su opinión al respecto.
Esta tarea no se prepara previamente.

ENCUESTA SOBRE AUDIENCIA GENERAL DE MEDIOS

Aquí tiene los resultados de una encuesta realizada en España sobre medios de comunicación. Léala y responda a las preguntas:

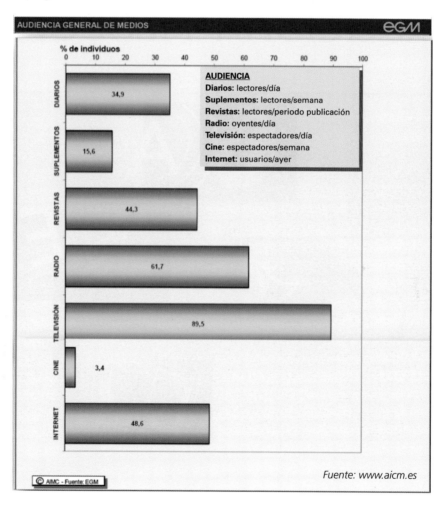

- ¿Le sorprende alguno de los resultados? En caso afirmativo, ¿por qué?
- ¿Cree que en su país los resultados serían los mismos? ¿Puede explicar su respuesta?
- En su caso, ¿podría señalar con qué frecuencia, diaria, semanal, mensual…, realiza las actividades que aparecen en el gráfico, como leer diarios, ir al cine, etc.?
- ¿Qué ventajas e inconvenientes ve en cada uno de estos medios de comunicación? ¿Cuál cree que va a ser el futuro de cada uno de ellos?

POLÍTICA, TEMAS SOCIALES, RELIGIÓN Y FILOSOFÍA

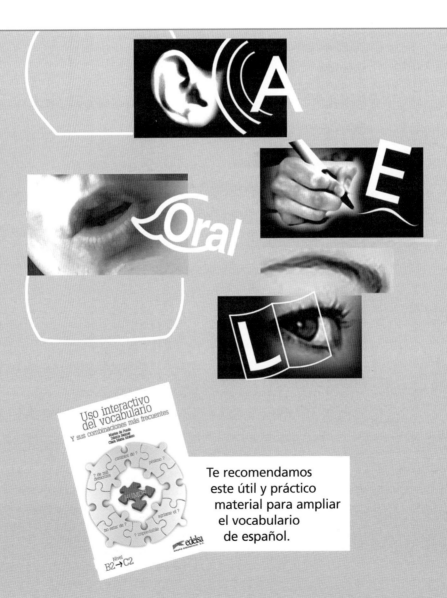

Te recomendamos este útil y práctico material para ampliar el vocabulario de español.

FICHA DE AYUDA
Para la expresión e interacción
escritas y orales

VOCABULARIO

VIDA EN COMUNIDAD Y CONDUCTA SOCIAL

Agresividad (la) ....
Arrogancia (la) ....
Civil ....
Clase alta/media/baja ....
Comunitario/a ....
Convivencia (la) ....
Derechos humanos (los) ....
Discriminación (la) ....
Distribución de la riqueza (la) ....
Estatal ....
Explotación (la) ....
Integración (la) ....
Marginación (la) ....
Minoría étnica (la) ....
Protección (la) ....
Solidaridad (la) ....
Tolerancia (la) ....

LEY Y JUSTICIA

Banda organizada (la) ....
Coartada (la) ....
Criminal (el/la) ....
Delincuente (el/la) ....
Malos tratos (los) ....
Pista (la) ....
Prueba (la) ....
Red de tráfico (la) ....
Secuestrador/-a (el/la) ....
Sentencia (la) ....
Tribunal (el) ....
Verbos y expresiones
Asesinar a alguien ....
Atentar contra alguien ....
Cometer un delito ....
Condenar a una pena ....
Detener a alguien ....
Ser (in)justo ....

POLÍTICA Y GOBIERNO

Abstención (la) ....
Candidato/a (el/la) ....
Colegio electoral (el) ....
Dictador/-a (el/la) ....
Diplomático/a (el/la) ....
Diputado/a (el/la) ....
Elecciones generales (las) ....
- autonómicas ....
Electorado (el) ....
Gobierno central (el) ....
- democrático ....
- totalitario ....
Jornada de reflexión (la) ....
Mesa electoral (la) ....
Papeleta (la) ....
Referéndum (el) ....
Senador/-a (el/la) ....
Separación de poderes (la) ....
Urna (la) ....
Votante (el) ....
Voto en blanco (el) ....
- nulo (el) ....
Verbos y expresiones
Aprobar una ley ....
Convocar elecciones ....
Dar un golpe de estado ....
Hacer campaña ....
Presentarse a (las) elecciones ....
Ser de un partido político ....

FILOSOFÍA Y RELIGIÓN: CELEBRACIONES RELIGIOSAS Y FAMILIARES

Agnóstico/a ....
Alma (el) ....
Altar (el) ....
Ateísmo (el) ....
Encierros (los) ....
Ermita (la) ....
Espíritu (el) ....
Ideológico/a ....
Laico/a ....
Metafísico/a ....
Pensamiento (el) ....
Peregrino (el) ....
Procesión (la) ....
Razón (la) ....
Romería (la) ....
Sanfermines (los) ....
Verbos y expresiones
Celebrar un bautizo ....
- una boda ....
- una comunión ....
Convertirse al ....
- budismo ....
- cristianismo ....
- hinduismo ....
- islamismo ....
Decir misa ....
Hacer una promesa ....
Tener fe ....

PRUEBA 1  Comprensión de lectura

70 min Tiempo disponible para las 4 tareas.

TAREA 1

A continuación va a leer un texto. Después, deberá contestar a las preguntas, 1-6, y seleccionar la respuesta correcta, a), b) o c).

LA PRENSA
PRIMER PERIÓDICO DIGITAL

Martes, 11 de Junio de 2013

Notas de prensa / Suscripción   Teleprensa en youtube   Contacto   Google™ Búsqueda personalizada   Buscar

ÚLTIMA HORA

CAPITAL | PROVINCIA | SOCIEDAD | ECONOMÍA | CULTURA Y OCIO | DEPORTES | UNIVERSIDAD | Almanzora ♦ | Leer

LA FELICIDAD DE LAS PERSONAS MAYORES

Marta Morales

La felicidad en la vejez depende más de una actitud positiva que de la salud que se tenga, señala un estudio realizado por la Universidad de California. El estudio llama la atención por la inusual consideración de criterios subjetivos para evaluar el estado del envejecimiento. En esta investigación se examinó a 500 voluntarios de edades comprendidas entre los 60 y 98 años, que habían padecido diversas enfermedades como el cáncer, fallos cardiacos, problemas mentales u otras disfunciones.

A los participantes en el estudio se les pidió que evaluaran su envejecimiento en una escala del 1 al 10, siendo 10 un grado de muy buena calidad de vida en la vejez. La media de esta valoración entre los encuestados fue de 8.4, lo que desvela la actitud positiva dominante respecto a cómo vivían su envejecimiento. Lo más sorprendente de los resultados obtenidos, sin embargo, fue que los voluntarios más optimistas –aquellos que pensaban que estaban envejeciendo bien– no siempre coincidían con los que tenían mejor salud.

La investigación, dirigida por el profesor Dilip Jeste, señala que el optimismo es más importante para un envejecimiento exitoso que las mediciones tradicionales de salud y bienestar. Es decir, que el estado físico no es sinónimo de un envejecimiento óptimo. Por el contrario, una buena actitud es casi una garantía de un buen envejecimiento. Jeste pretende seguir investigando esta cuestión, al observar una relación entre la actividad física y un buen envejecimiento corporal y mental.

Suele considerarse normalmente que una persona «envejece bien» si tiene pocas dolencias o si sigue manteniendo más o menos sus facultades, si bien no existe un consenso en la comunidad médica a la hora de definir con exactitud lo que puede entenderse como un envejecimiento adecuado. Es más, parece que un mal estado físico no tiene por qué desembocar en un envejecimiento negativo.

Este estudio demuestra que la percepción de uno mismo es más importante que el estado físico para considerar que el envejecimiento se desarrolla adecuadamente. Jeste quiere profundizar en el estudio del cerebro, pues el mundo científico ha adelantado que puede que haya neuronas que sí se regeneran, a pesar de la edad. De esta manera, Jeste pretende descubrir por qué hay personas que con 80 o 90 años siguen activas y de qué depende el estar bien la mayor parte del tiempo que podamos de nuestra vida.

Otra conclusión que se desprende de este estudio es que la preocupación de las personas que se adentran en edades avanzadas no debe centrarse tanto en el estado de salud como en el cuidado y cultivo de actitudes positivas, ya que estas actitudes pueden ser más importantes que el estado de salud corporal para alcanzar el envejecimiento adecuado. La investigación también ha demostrado que la gente que pasa algo de tiempo cada día socializándose, leyendo o participando en otras actividades de ocio tiene un nivel de satisfacción más alto en la vejez.

Adaptado de www.tendencias21.net

PREGUNTAS

1. Según el texto…

  a) la subjetividad influye en la percepción de la salud.
  b) el estudio contiene elementos subjetivos.
  c) la subjetividad no puede medirse científicamente.

2. En el texto se indica que…

  a) las personas con buena salud son más optimistas.
  b) el estudio evaluó la salud de los participantes.
  c) no existe necesariamente una relación entre salud y optimismo.

3. En el texto se afirma que…

  a) tradicionalmente no se ha tenido en cuenta la actitud positiva para valorar el bienestar.
  b) el optimismo garantiza totalmente un buen envejecimiento.
  c) la actitud mental recibe la influencia del estado físico.

4. Según el texto…

  a) no puede hablarse de un buen envejecimiento.
  b) no existe unanimidad a la hora de describir un buen envejecimiento.
  c) la ausencia de enfermedad es decisiva para definir un buen envejecimiento.

5. En el texto se señala que…

  a) el estado físico es secundario respecto a la visión personal del envejecimiento.
  b) hay que investigar por qué hay personas que con 80 o 90 años no están enfermas.
  c) las neuronas se siguen regenerando a edades avanzadas.

6. El autor del texto indica que…

  a) el optimismo es más importante que la salud para envejecer adecuadamente.
  b) relacionarse con otras personas durante la vejez es algo muy satisfactorio.
  c) muchas personas mayores no tienen una actitud positiva.

TAREA 2

A continuación va a leer cuatro textos en los que cuatro personas hablan sobre las romerías. Después, tendrá que relacionar las preguntas, 7-16, con los textos, a), b), c) y d).

PREGUNTAS

	a) José	b) Macarena	c) Luis	d) Dolores
7. ¿Quién juzga que la tradición española ha incorporado perfectamente elementos opuestos?				
8. ¿Quién advierte de que en las romerías ocurren romances?				
9. ¿Para quién es esencial la combinación del disfrute y del banquete en cualquier fiesta tradicional?				
10. ¿Quién habla de las distintas fases que tiene una romería?				
11. ¿Quién afirma que la combinación de elementos religiosos y profanos no debe verse como falsa?				
12. ¿Quién advierte que hay en toda romería un componente de desobediencia a lo establecido?				
13. ¿Quién precisa que la esencia de la romería es básicamente la diversión?				
14. ¿Quién justifica que la diversión no va en contra de lo sagrado?				
15. ¿Quién señala que en toda España existen romerías?				
16. ¿Quién indica que los lugares de las verbenas no son siempre los mismos?				

a) José

En nuestra cultura tradicional, del mismo modo que sucede en otras culturas no europeas, los símbolos forman un lenguaje cuya interpretación es fundamental para examinar hasta los últimos detalles de cualquier manifestación popular. En el sentido más amplio del concepto, toda romería encierra unos símbolos cuyas claves de lenguaje son ante todo manifiestamente festivas. En el fondo, y más evidentemente en la forma, podemos apreciar que toda fiesta popular, para que lo sea en toda su extensión, ha de contar con dos elementos esenciales: la alegría y la comida. Y, ya sea en las tierras del Cantábrico, en la meseta central, en las orillas levantinas del Mediterráneo, o en las tierras del sur, la verdad es que contamos con romerías de gran trascendencia etnológica y antropológica que nos pueden servir de ejemplo de ello.

b) Macarena

De una forma más didáctica y divulgativa que académica, y tomando las romerías marianas del sur de España como paradigma del resto de ellas, digamos que toda manifestación romera consta de tres etapas bien definidas: el camino hacia la Madre, el encuentro con la Madre y el desmadre*, dicho sea esto último en el sentido más amplio de los excesos y consiguiente pérdida de respeto a la «oficialidad» –ya sea eclesiástica o civil— de las normas establecidas. Efectivamente, en la mayoría de los santuarios la romería acaba en fiesta: es la desacralización del rito y la vuelta al mundo profano después de haber permanecido durante unos instantes en contacto con lo sagrado: el encuentro con la Madre. Después del encuentro con lo sagrado, los romeros se alivian del camino penitencial que lleva hacia la Madre, comiendo, bebiendo y bailando.

c) Luis

Una conclusión de urgencia nos lleva a opinar que en estos casos festivos los extremos (penitencia y fiesta) no se contradicen en modo alguno, sino que se refuerzan mutuamente. La cultura tradicional ha sabido integrar secularmente todos los contrarios: a los periodos festivos siguen épocas de penitencia, a estas de nuevo los festivos; al Carnaval sigue la Cuaresma, a esta la Semana Santa, a esta última el estío festivo. La alegría de la fiesta con sus comilonas y sus bailes no es, pues, como pudiera parecerles a primera vista a quienes profesan una cultura urbana, una muestra de la hipocresía de los romeros, sino que es una consecuencia lógica de cómo reparar los esfuerzos y los sufrimientos realizados durante el camino hasta llegar al santuario. Cervantes justifica que las leyes del gusto humano tienen más fuerza que las de la religión.

d) Dolores

La romería ha supuesto tradicionalmente la fecha en que se formalizaban los noviazgos. Y aún hoy, tiempos de costumbres más relajadas en este aspecto, la romería sigue siendo lugar de iniciación amorosa para los más jóvenes. Estos tienden a despistarse por los bosques de encinas, eso sí, siempre bajo la atenta mirada de sus madres, pendientes de la romería, pues no en vano ellas también vivieron alguna vez «su romería» y saben del influjo mágico de la pradera y de sus consecuencias. Tanto esa noche, como la precedente, tiene lugar una verbena popular cuya ubicación ha ido cambiando de emplazamiento según qué épocas, desde que tuvo lugar la primera romería hace ahora sesenta años.

*Desmadre: exceso en palabras o acciones (coloquial).

Adaptado de http://cronistadeguarroman.bitacoras.com

TAREA 3

A continuación va a leer un texto del que se han extraído seis fragmentos. Después, lea los ocho fragmentos propuestos, a)-h), y decida en qué lugar del texto, 17-22, hay que colocar seis de ellos. Cuidado, hay dos fragmentos que no tiene que elegir.

ONCE

La inversión solidaria que miles de ciudadanos realizan cada día con la compra del cupón de la ONCE es devuelta por la ONCE a la sociedad en forma de servicios especializados para personas con ceguera o deficiencia visual. **17.** _____.

Una buena dosis de energía -que nosotros llamamos ilusión- es el combustible que permitió poner en marcha, en 1938, lo que hoy el mundo conoce como ONCE, que en este año 2013 celebra sus 75 años de existencia. **18.** _____. Un organismo gubernamental, constituido por varios ministerios y la propia ONCE, vela por el cumplimiento de sus fines sociales y la progresiva adecuación a las transformaciones sociales, políticas y económicas.

19. _____. Este fue la Fundación ONCE para la Cooperación e Inclusión Social de Personas con Discapacidad, que en 2013 también está de aniversario. En este lapso, Fundación ONCE ha generado más de 80000 empleos para personas con discapacidad. Hoy el conjunto institucional, aunado en su primordial fin –la inclusión social y laboral de las personas con discapacidad–, es conocido como la ONCE y su Fundación.

A lo largo de los años, la Institución ha articulado otras iniciativas de solidaridad. La Fundación ONCE para la atención a las personas ciegas de América Latina, nacida en 1998 es buena muestra. **20.** _____. También se constituyó, en el año 2007, la Fundación ONCE para la Atención de Personas con Sordoceguera.

Mientras, en el seno de la Unión Europea, la ONCE y su Fundación estrechan lazos para que la atención a la discapacidad vaya ganando espacio en el terreno de las políticas comunitarias. Junto con otras organizaciones del mundo de la discapacidad, anota logros de gran importancia como la Convención de la ONU sobre los Derechos de las Personas con Discapacidad (2006), y un buen posicionamiento de sus tesis en debates como la normativa europea sobre accesibilidad o el empleo de las personas con discapacidad. **21.** _____.

Además, la enorme transformación de las estructuras sociales, tanto en Europa como en España, ha conducido a la ONCE a figurar con decisión en un recién nacido pero pujante modelo social y económico, a decir de muchos indispensable ya, el llamado Tercer Sector, una plataforma representativa de más de nueve millones de personas en riesgo de exclusión. **22.** _____.

Adaptado de www.once.es

FRAGMENTOS

a)

En este largo tiempo, ha construido un sistema de prestación social para personas con ceguera o discapacidad visual severa sin equivalencia en ninguna parte.

b)

Estos centros han mejorado la vida de muchas personas discapacitadas y han orientado su vida laboral.

c)

Esa misma fuente de energía -la ilusión- permitió que en 1988 viera la luz un gran proyecto.

d)

En dicho centro, durante la mañana los alumnos dan clase al igual que en cualquier instituto o colegio ordinario.

e)

Esta aglutina a asociaciones civiles, personas con discapacidad, fundaciones y agrupaciones que luchan por proteger los derechos sociales.

f)

Actualmente desarrolla proyectos de formación y empleo en 19 países de la región americana y otras zonas deprimidas.

g)

En esta línea, una comisión europea ha incluido en su agenda de trabajo una visita a las instalaciones centrales de la ONCE.

h)

Gracias a ese esfuerzo, en España estas personas disfrutan de plena integración educativa, social y laboral.

TAREA 4

A continuación va a leer un texto. Complete los huecos, 23-36, con la opción correcta, a), b) o c).

PALMERAS EN LA NIEVE

Unos chiquillos se abalanzaron sobre sus bolsillos esperando encontrar ____23____ golosina. Kilian los complació entre risas y repartió pequeños dulces que había comprado en la factoría de Julia. Varios hombres detuvieron su andar pausado, se acercaron y estrecharon su mano, sosteniéndola afectuosamente entre las suyas y llevándosela al corazón.

–Ósé... ¿Dónde están todas las mujeres? –preguntó Kilian–. ¡Me parece que no ____24____ poner a prueba tu amenaza!

José se rio.

–____25____ terminando de preparar la comida y adornándose para la boda. Quedan pocas horas. A todas las mujeres les cuesta un buen rato pintarse.

–¿Y qué hacemos ____26____?

–Nos sentaremos con los hombres a esperar que ____27____ el tiempo.

Se dirigieron a una plaza cuadrada. En el centro, a la sombra de árboles sagrados, ____28____ unos arbustos con unos cuantos pedruscos que servían de asiento a un grupo de hombres ____29____ los saludaron agitando la mano. Unos pasos más allá se levantaban dos pequeñas cabañas donde adorar a los espíritus.

– ¿No tienes que cambiarte de ropa? –Kilian dejó su mochila en el suelo junto a los otros hombres.

–¿____30____ no voy bien así? –José llevaba pantalones largos y una camisa de color blanco–. Llevo lo mismo que usted...

–Sí, claro que vas bien. Es que pensaba que, ____31____ eres el padre de la novia, te pondrías algo más... más... de los tuyos...

–¿Como plumas y conchas? Mire, Kilian, a mi edad ya no tengo que demostrar nada. Yo soy el mismo aquí que abajo, en la finca. Con camisa o sin ella.

Kilian asintió, abrió la mochila y sacó tabaco y licores. Los hombres agradecieron los presentes con gestos de alegría. Los más jóvenes hablaban español y los más ancianos, que en realidad tendrían la edad de José y Antón, intentaban con gestos ____32____ con el *öpottò* o extranjero. Cuando veían que la comunicación era imposible, entonces recurrían a los traductores. Kilian se mostraba siempre respetuoso y si tenía alguna duda, ahí estaba José para ____33____. Se sentó en el suelo y se encendió un cigarrillo mientras esperaba a que los hombres terminaran de analizar y comentar sus presentes y centraran su atención ____34____ él.

Se fijó en que la piel de serpiente, cuyo nombre –*boukaroko*– ____35____ costaba repetir, colgaba con la cabeza mirando hacia arriba de la rama más baja de uno de los árboles, en vez de estar en las ramas altas. Supuso que la ____36____ para que los bebés alcanzaran a tocarla desde los brazos de sus madres. Los bubis creían que esa serpiente era como su ángel guardián, que podía proporcionarles riquezas o causarles enfermedades. Por eso, una vez al año se le rendía respeto llevando a los niños nacidos durante el año anterior para que tocaran con sus manos la cola de la piel.

Texto adaptado, Luz Gabás

23.	a) cualquiera	b) alguna	c) toda
24.	a) podré	b) pueda	c) pudiera
25.	a) Estarán	b) Estarían	c) Estén
26.	a) durante	b) al tanto	c) mientras tanto
27.	a) pasa	b) pasará	c) pase
28.	a) habría	b) había	c) habían
29.	a) que	b) los que	c) quienes
30.	a) Ya que	b) Es que	c) Como
31.	a) según	b) con tal de que	c) como
32.	a) entendiéndose	b) entendidos	c) entenderse
33.	a) ayudarle	b) que le ayudara	c) que le ayudaría
34.	a) en	b) por	c) con
35.	a) se	b) le	c) lo
36.	a) hayan bajado	b) habrían bajado	c) hubieran bajado

Anote el tiempo que ha tardado:

Recuerde que solo dispone de **70 minutos**

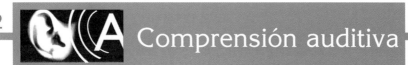

PRUEBA 2 (A) Comprensión auditiva

40 min Tiempo disponible para las 5 tareas.

TAREA 1

CD II

 Pista 7

A continuación va a escuchar seis conversaciones breves. Oirá cada conversación dos veces seguidas. Después, tendrá que seleccionar la opción correcta, a), b) o c), correspondiente a cada una de las preguntas, 1-6.
Dispone de 30 segundos para leer las preguntas.

PREGUNTAS

Conversación 1
1. En esta conversación…
   a) el hombre pregunta a la mujer si es cierto que sabe ya a quién votar.
   b) la mujer sabe que no participará en la votación.
   c) el hombre va a dar su voto al partido político al que suele votar siempre.

Conversación 2
2. La mujer que da las noticias dice…
   a) que se ha terminado el periodo de tiempo destinado a las votaciones.
   b) que va a ofrecer un resumen con los resultados de las elecciones.
   c) que ya se sabe quién ha ganado las elecciones.

Conversación 3
3. En este diálogo…
   a) se dice que la mujer secuestrada fue liberada por la policía.
   b) la mujer dice que el secuestrador está en la cárcel en espera de juicio.
   c) el hombre no puede comprender que los investigadores no hayan encontrado ninguna prueba durante tanto tiempo.

Conversación 4
4. En esta conversación…
   a) el hombre pide la opinión a su mujer sobre el descenso en el número de personas que tienen creencias religiosas.
   b) la mujer dice que ya no existe el pecado.
   c) el hombre le pregunta a su mujer qué pueden hacer ellos al respecto.

Conversación 5
5. En la audición se dice que el tío Juan…
   a) no pudo evitar ir a la guerra.
   b) desde el primer momento tuvo dificultades en la guerra.
   c) recibió una herida de bala en pleno corazón.

Conversación 6
6. En esta conversación escuchamos que…
   a) la mujer propone a su novio ir a una fiesta tradicional religiosa.
   b) la mujer le dice a su novio que se divertirán porque conoce ya a su familia.
   c) el hombre quiere ir pero no puede porque tiene otro compromiso.

Preparación Diploma de Español (Nivel B2)

CD II

TAREA 2

A continuación va a escuchar una conversación entre dos personas que hablan sobre el Camino de Santiago, importante ruta de peregrinaje desde la Edad Media. Después, indique si los enunciados, 7-12, se refieren a lo que dice Javier, a), Marta, b), o ninguno de los dos, c). Escuchará la audición dos veces.

Dispone de 20 segundos para leer los enunciados.

PREGUNTAS

	a) Javier	b) Marta	c) Ninguno de los dos
0. En el Camino de Santiago se produce una evolución personal.	✔		
7. Si haces el Camino a pie, puedes tardar cerca de un mes.			
8. Santiago de Compostela significa *Campo de estrellas*.			
9. Hasta el siglo XIX no se descubrieron los posibles restos del apóstol Santiago.			
10. Durante diez siglos apenas se escribió nada sobre la presencia de Santiago en España.			
11. El Camino de Santiago es una tradición de 2 000 años de antigüedad.			
12. Hay pruebas de que el cáliz de Cebreiro es el original de la última cena.			

CD II

 Pista 9

TAREA 3

A continuación va a escuchar parte de una entrevista a Francesc Torralba, doctor en Filosofía y Teología. Escuchará esta entrevista dos veces. Después, conteste a las preguntas, 13-18. Seleccione la respuesta correcta, a), b) o c).
Dispone de 30 segundos para leer las preguntas.

PREGUNTAS

---

13. En la entrevista escuchamos que…
    a) tenemos la impresión de que vivimos con poca quietud y tranquilidad.
    b) en la vida hay una fuerza desconocida que nos empuja hacia un destino seguro.
    c) desde que nos levantamos hasta que nos acostamos debemos responder a muchas preguntas.

14. Este filósofo dice que…
    a) es bueno preguntarse cosas.
    b) los filósofos se cuestionan muchas cosas y esto forma parte de su profesión.
    c) el planteamiento sobre el sentido de la vida puede tener una respuesta científica.

15. Francesc Torralba dice que…
    a) encontraremos nuestro propio sentido de la vida si indagamos en la vida de los demás.
    b) no hay contestaciones definitivas para el planteamiento del sentido de la vida.
    c) los teólogos pueden dar una respuesta definitiva al sentido de la vida y eso es lo más interesante.

16. En la entrevista se dice que…
    a) nos planteamos cuál es el sentido de la vida ante determinados estados de la existencia.
    b) la felicidad se encuentra si intentamos pensar poco.
    c) pasear por la playa hace que nos planteemos el sentido de la vida.

17. El filósofo nos explica que…
    a) las relaciones personales firmes dan sentido a nuestra vida.
    b) cuestionarnos el sentido de la vida es algo que está siempre con nosotros.
    c) las preguntas instrumentales hacen que nos cuestionemos el sentido de la vida.

18. En la audición escuchamos que…
    a) hay países donde es difícil plantearse el sentido de la vida.
    b) el disponer de confort y bienestar debería ser una razón para querer vivir.
    c) el tener una vida confortable y cómoda no siempre implica felicidad.

CD II

Pista 10

TAREA 4

A continuación va a escuchar a seis personas hablando sobre los sanfermines, fiesta tradicional de Pamplona (Navarra). Escuchará a cada persona dos veces.
Después, seleccione el enunciado, a)-j), que corresponde al tema del que habla cada persona, 19-24. Hay diez enunciados incluido el ejemplo. Seleccione únicamente seis.

Dispone de 20 segundos para leer los enunciados.
Escuche el ejemplo:
   Persona 0
   La opción correcta es el enunciado **j**.

ENUNCIADOS

a) En 1591 se cambió la fiesta de San Fermín de otoño a primavera.

b) Muchos extranjeros piensan que los toros están domesticados.

c) Hace 27 años murió un joven de Alcalá de Henares en los sanfermines.

d) La fiesta actual de San Fermín actual tiene su origen en la unión de una fiesta religiosa con otra laica.

e) Si los toros del encierro se caen, no pueden volver a levantarse.

f) Durante los sanfermines hay más gente de fuera de Pamplona que de allí.

g) Los accidentes en el encierro están provocados en muchas ocasiones por el desconocimiento.

h) En los sanfermines han muerto menos de veinte personas desde los años 20 del siglo pasado.

i) Las fiestas de San Fermín atraen a muchos turistas.

j) *En realidad, los sanfermines son conocidos mundialmente desde hace poco tiempo.*

	PERSONA	ENUNCIADO
	Persona 0	j)
19.	Persona 1	
20.	Persona 2	
21.	Persona 3	
22.	Persona 4	
23.	Persona 5	
24.	Persona 6	

CD II

 Pista 11

TAREA 5

A continuación va a escuchar a un hombre que habla de los orígenes y características de la fiesta del Carnaval porteño. Escuchará la audición dos veces. Después, conteste a las preguntas, 25-30. Seleccione la respuesta correcta a), b) o c).
Dispone de 30 segundos para leer las preguntas.

PREGUNTAS

25. En esta audición se dice que…
- **a)** la máscara y el disfraz son los rasgos más distintivos del Carnaval porteño.
- **b)** el Carnaval de Buenos Aires es considerado como algo peligroso.
- **c)** algunas características del Carnaval porteño son la broma y el tono satírico.

26. Este hombre dice que…
- **a)** los esclavos celebraban el Carnaval independientemente de sus amos.
- **b)** en el Carnaval de Buenos Aires muchos se transformaban por unos días en lo contrario de lo que eran.
- **c)** el Carnaval porteño es un escándalo.

27. En el audio escuchamos que…
- **a)** en Europa los Carnavales son tan antiguos como en América.
- **b)** los conquistadores exportaron a Argentina el Carnaval.
- **c)** los descubridores consideraban el Carnaval porteño como algo subversivo.

28. En la audición nos cuentan que…
- **a)** antes del siglo xix existía la costumbre de tirarse perfume durante el Carnaval.
- **b)** después del siglo xix se arrojaban frascos Cradwell unos a otros.
- **c)** antiguamente, en los carnavales porteños se tiraban agua unos a otros.

29. En este audio dicen que…
- **a)** en los años 70 del siglo pasado, el lunes y el martes de Carnaval dejaron de considerarse festivos.
- **b)** al empezar el siglo xix cada barrio tenía su murga.
- **c)** Los Averiados de Palermo fueron unos compositores muy importantes en los años 30.

30. El hombre explica que…
- **a)** hay muchos artistas que con sus obras hacen más populares los carnavales porteños.
- **b)** la dictadura permitió los Carnavales hasta 1983.
- **c)** la participación y la creación colectiva no pueden eliminar el discurso anticarnavalero.

Anote el tiempo que ha tardado:

Recuerde que solo dispone de **40 minutos**

Preparación Diploma de Español (Nivel B2)

PRUEBA 3

Expresión e interacción escritas

80 min

Tiempo disponible para las 2 tareas.

TAREA 1

Usted ha estudiado Administración de Empresas y le gustaría trabajar en algún organismo oficial. Ha escuchado en la radio, en un programa de ofertas de empleo, que hay una plaza para trabajar en el ayuntamiento de la ciudad en la que vive. Escriba una carta donde solicite dicho empleo. En ella debe:

- presentarse;
- explicar dónde ha obtenido la información sobre el puesto de trabajo;
- explicar el motivo de la carta;
- explicar sus méritos y por qué cree que merece el trabajo.

Número de palabras: entre 150 y 180.

CD II

Pista 12

Va a escuchar una noticia relacionada con **la convocatoria de un concurso de méritos para obtener un trabajo en el Ayuntamiento de su ciudad.**

Carta de presentación

CARTA DE PRESENTACIÓN
Suele ir acompañada de un currículum.
No debe enviar copias de cartas, sino originales. Hay que considerar a cada empresa como «única». Tiene que mostrar interés por cada empresa a la que se dirija.

- No debe ser demasiado extensa (una página).
- Hay que usar un lenguaje claro y conciso.
- Los párrafos deben ser cortos.
- Mejor si se usa papel de buena calidad.
- Se debe firmar la carta al final.
- No se debe escribir a mano.

Modelo de carta de presentación

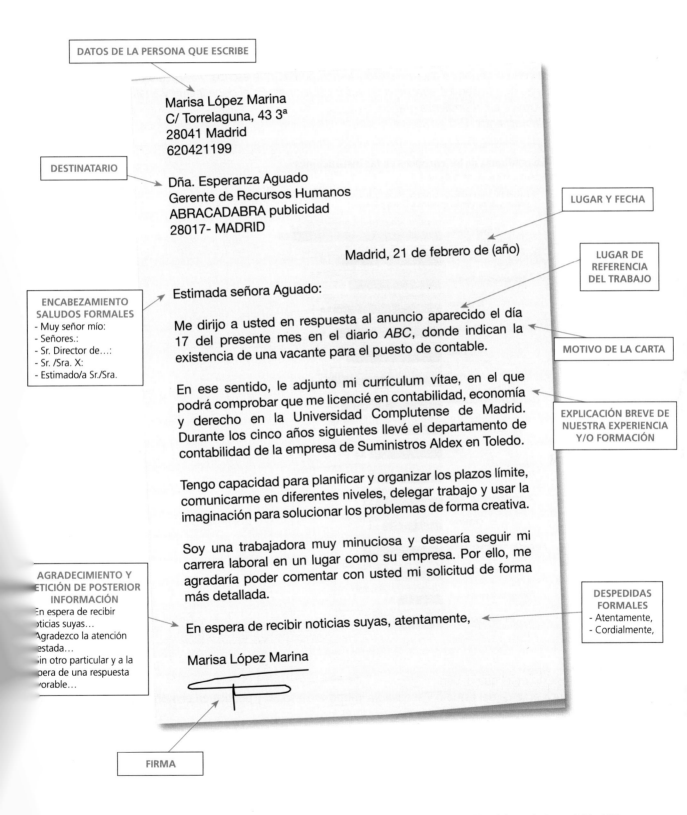

DATOS DE LA PERSONA QUE ESCRIBE

Marisa López Marina
C/ Torrelaguna, 43 3ª
28041 Madrid
620421199

DESTINATARIO

Dña. Esperanza Aguado
Gerente de Recursos Humanos
ABRACADABRA publicidad
28017- MADRID

LUGAR Y FECHA

Madrid, 21 de febrero de (año)

LUGAR DE REFERENCIA DEL TRABAJO

ENCABEZAMIENTO SALUDOS FORMALES
- Muy señor mío:
- Señores.:
- Sr. Director de…:
- Sr. /Sra. X:
- Estimado/a Sr./Sra.

Estimada señora Aguado:

Me dirijo a usted en respuesta al anuncio aparecido el día 17 del presente mes en el diario *ABC*, donde indican la existencia de una vacante para el puesto de contable.

MOTIVO DE LA CARTA

En ese sentido, le adjunto mi currículum vítae, en el que podrá comprobar que me licencié en contabilidad, economía y derecho en la Universidad Complutense de Madrid. Durante los cinco años siguientes llevé el departamento de contabilidad de la empresa de Suministros Aldex en Toledo.

EXPLICACIÓN BREVE DE NUESTRA EXPERIENCIA Y/O FORMACIÓN

Tengo capacidad para planificar y organizar los plazos límite, comunicarme en diferentes niveles, delegar trabajo y usar la imaginación para solucionar los problemas de forma creativa.

Soy una trabajadora muy minuciosa y desearía seguir mi carrera laboral en un lugar como su empresa. Por ello, me agradaría poder comentar con usted mi solicitud de forma más detallada.

AGRADECIMIENTO Y PETICIÓN DE POSTERIOR INFORMACIÓN
En espera de recibir noticias suyas…
Agradezco la atención prestada…
Sin otro particular y a la espera de una respuesta favorable…

En espera de recibir noticias suyas, atentamente,

DESPEDIDAS FORMALES
- Atentamente,
- Cordialmente,

Marisa López Marina

FIRMA

TAREA 2

Elija solo una de las dos opciones que se le ofrecen a continuación:

OPCIÓN 1

Usted colabora con un periódico de su distrito y le han pedido que escriba un artículo de actualidad sobre la confianza que tienen los europeos en sus instituciones. En él debe incluir y analizar la información que se ofrece en el siguiente gráfico.
Número de palabras: entre 150 y 180.

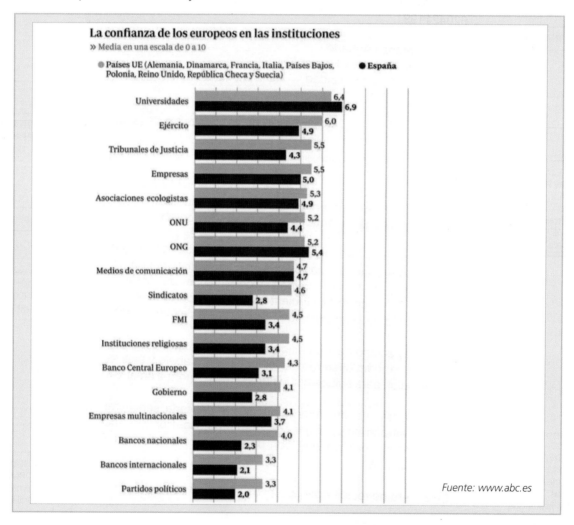

La confianza de los europeos en las instituciones
» Media en una escala de 0 a 10

● Países UE (Alemania, Dinamarca, Francia, Italia, Países Bajos, Polonia, Reino Unido, República Checa y Suecia)   ● España

Institución	Países UE	España
Universidades	6,4	6,9
Ejército	6,0	4,9
Tribunales de Justicia	5,5	4,3
Empresas	5,5	5,0
Asociaciones ecologistas	5,3	4,9
ONU	5,2	4,4
ONG	5,2	5,4
Medios de comunicación	4,7	4,7
Sindicatos	4,6	2,8
FMI	4,5	3,4
Instituciones religiosas	4,5	3,4
Banco Central Europeo	4,3	3,1
Gobierno	4,1	2,8
Empresas multinacionales	4,1	3,7
Bancos nacionales	4,0	2,3
Bancos internacionales	3,3	2,1
Partidos políticos	3,3	2,0

Fuente: www.abc.es

Redacte un texto en el que deberá:
- introducir el tema del estudio y señalar su importancia social y política en el momento actual;
- resaltar los datos que considere más relevantes;
- comparar y valorar las diferencias más apreciables entre los europeos y los españoles;
- expresar su opinión sobre la información recogida en el gráfico;
- recoger en una conclusión los aspectos en los que se podría mejorar y las medidas que se deberían tomar para ello.

OPCIÓN 2

Usted leyó ayer la siguiente noticia sobre la condena a un grupo de delincuentes que robaban en viviendas. Debe escribir una entrada en un blog en la que cuente su experiencia como víctima o testigo de un caso similar y donde exprese su opinión al respecto.
Número de palabras: entre 150 y 180.

Condenado a prisión un grupo criminal dedicado al robo en chalés

La Audiencia Provincial de Valencia ha condenado a penas de entre seis y seis años y medio de prisión a los cuatro miembros de un grupo criminal dedicado a robar en chalés en la región valenciana, que además traficaba con objetos procedentes de robos realizados por otras personas. La sentencia señala que los procesados realizaban vigilancias y seguimientos de las viviendas y sus moradores a distintas horas para proceder después al robo.

Los hechos se remontan a agosto de 2011, cuando tuvo lugar el primer robo en una casa a la que accedieron trepando por la terraza interior y a través de un ventanal del comedor. En este caso, los autores se llevaron numerosas joyas, relojes de alta gama y objetos informáticos, tasados en conjunto en 20059 euros.

Una operación policial permitió la detención de los cuatro sospechosos, que habían sido vigilados por la Policía, y en los dos registros domiciliarios practicados se encontraron numerosos efectos que las víctimas reconocieron como propios.

Además, los condenados deberán indemnizar a una de las víctimas con 10683 euros por los bienes sustraídos y 940 euros por los daños causados en su vivienda.

Adaptado de www.elmundo.es

Redacte un texto para publicarlo en un blog en el que deberá:
- hacer una pequeña introducción sobre el problema de la seguridad ciudadana;
- contar un robo similar al de la noticia conocido por usted, especificando el lugar, el día, la hora, las circunstancias, los objetos robados…;
- describir a los ladrones y precisar la situación judicial en la que se encuentran actualmente;
- enumerar algunas medidas que se podrían tomar para evitar este tipo de delitos.

Anote el tiempo que ha tardado:

Recuerde que solo dispone de **80 minutos**

PRUEBA 4  Expresión e interacción orales

20 min — Tiempo disponible para las 3 tareas.

20 min — Tiempo disponible para la preparación de la intervención oral.

TAREA 1

Debe hablar durante 3 o 4 minutos de las ventajas e inconvenientes de una serie de soluciones que se proponen para un determinado problema. Después, conversará con el entrevistador sobre el tema. Tiempo total, 6-7 minutos.

LOS PROBLEMAS DE LOS DERECHOS HUMANOS

D esde que en la Organización de las Naciones Unidas (ONU) se aprobó la Declaración Universal de Derechos Humanos en 1948, en el mundo se han dado muchos pasos positivos en este sentido. Sin embargo, todavía queda mucho camino que recorrer para conseguir la igualdad, la justicia y la paz de toda la familia humana.

Expertos en Derechos Humanos se han reunido para denunciar los principales problemas y discutir algunas medidas que ayuden a remediarlos.

Lea las propuestas recogidas y explique las ventajas e inconvenientes de, como mínimo, cuatro de ellas.

Después de su monólogo conversará con el entrevistador sobre el tema y las propuestas.

En su exposición debe especificar por qué le parece una buena o mala solución esa propuesta, qué inconvenientes puede tener, a quién beneficia y a quién perjudica; si puede ocasionar otros problemas o si habría que precisar algo más...

> Se deberían tomar medidas para asegurar el derecho a la vida, a la igualdad y a la libertad de todos los seres humanos independientemente de su origen, sexo, religión...

> Es prioritario que los poderes públicos garanticen los derechos básicos de alimentación, vestido, vivienda, asistencia médica y social, etc., para que todas las personas puedan llevar una vida digna.

> Sería conveniente establecer leyes internacionales que persigan con firmeza los casos de tortura, tratos crueles y degradantes y que impidan que casos como estos queden impunes.

> Habría que facilitar el derecho a circular libremente, a elegir la residencia en el territorio de un Estado y a tener una nacionalidad. Los países más ricos deberían mostrar más solidaridad al respecto con los más pobres.

> Yo crearía leyes para que los gobiernos y organismos competentes garanticen el derecho al trabajo, a un salario digno y a la protección social en caso de desempleo.

> Yo creo que habría que dejar que las cosas se solucionen por sí mismas. Todavía hay muchos países poco desarrollados. A medida que vayan progresando, irán mejorando los derechos humanos de sus habitantes.

EXPOSICIÓN

Ejemplo: *Yo estoy de acuerdo con la propuesta de establecer leyes internacionales que persigan la tortura porque…*

CONVERSACIÓN

Cuando el candidato termine su monólogo sobre las propuestas de la lámina (3 o 4 minutos), el entrevistador le hará algunas preguntas sobre el tema durante otros 3 minutos.

La duración total de esta tarea es de 6 a 7 minutos.

EJEMPLO DE PREGUNTAS DEL ENTREVISTADOR

Sobre las propuestas

- ¿Está de acuerdo con todas las propuestas? ¿Eliminaría o añadiría alguna?

Sobre su realidad

- ¿Cree que en general se respetan los derechos humanos en el mundo? Explique su respuesta.

Sobre sus opiniones

- ¿Cree que hay derechos humanos que son más fáciles o más difíciles de alcanzar que otros? ¿Quién cree que debe encargarse de hacer cumplir estos derechos: los organismos internacionales, los gobiernos de cada país o asociaciones y ONG? ¿Cree que en general, se está avanzando o retrocediendo en este tema? ¿Qué medidas tomaría al respecto si fuese político?

TAREA 2

Usted debe imaginar la situación que se está produciendo en la fotografía y, a continuación, tiene que describirla durante 2 minutos aproximadamente, a partir de unas preguntas que se le ofrecen. Puede haber más de una respuesta.

Después, hablará con el entrevistador y expresará sus opiniones sobre ese tema.

UNA PROTESTA CIUDADANA

Las personas que aparecen en esta fotografía están asistiendo a una manifestación en la calle. Imagine la situación y hable sobre ella durante 2 minutos aproximadamente. Para ello puede centrarse en los siguientes aspectos:

- ¿Dónde cree que se encuentran estas personas? ¿Por qué piensa eso?
- ¿Cree que existe alguna relación entre ellas? ¿Por qué?
- Seleccione dos o tres personas de la fotografía e imagine cómo son, dónde viven, a qué se dedican…
- ¿Puede explicar, a partir de los gestos y movimientos, qué está sucediendo en ese momento?
- ¿Cómo cree que va a continuar la escena? ¿Cree que les va a pasar algo a las personas que están en primer término en la foto?

Después de la descripción, el entrevistador le hará algunas preguntas sobre el tema hasta completar el tiempo total de esta prueba, que es de 5-6 minutos.

EJEMPLOS DE PREGUNTAS DEL ENTREVISTADOR

- ¿Ha asistido o ha visto de cerca alguna vez una situación como la de la foto? En caso afirmativo, ¿puede contar dónde fue, cuál era el motivo de la manifestación, qué pasó…?
- ¿Cree que las manifestaciones de los ciudadanos ayudan a resolver los problemas? ¿Puede dar alguna opinión a favor y en contra de ellas?

TAREA 3

Usted tiene que dar su opinión a partir de unos datos, de noticias, encuestas, etc., que se le ofrecen (2-3 minutos). Después, debe conversar con el entrevistador sobre esos datos, expresando su opinión al respecto.
Esta tarea no se prepara previamente.

TEMAS SOCIALES Y POLÍTICOS

Aquí tiene algunas imágenes relacionadas con la vida social, política y religiosa. Relacione cada imagen con su realidad correspondiente (por ejemplo, la imagen 1 representa el derecho de manifestación) y después seleccione dos o tres imágenes para expresar su opinión al respecto:

- ¿Por qué ha elegido esas imágenes? ¿Qué le llama la atención sobre ellas?
- ¿Puede explicar su respuesta?
- En su caso, ¿cuál de estos temas representados le parece más relevante en la actualidad?
- ¿Cómo ve el futuro de todas estas cuestiones?

Preparación Diploma de Español (Nivel B2)

VIAJES, TRANSPORTES, GEOGRAFÍA Y MEDIO AMBIENTE

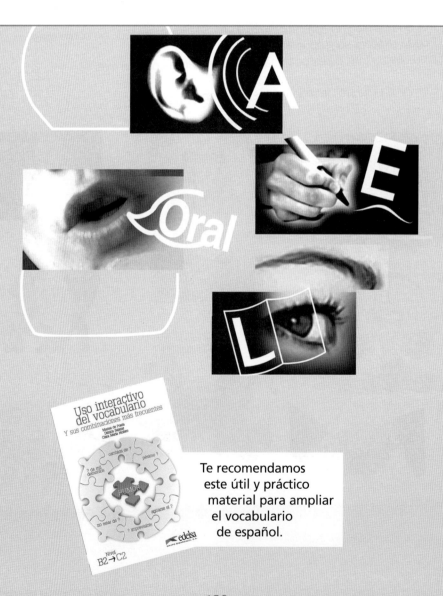

Te recomendamos
este útil y práctico
material para ampliar
el vocabulario
de español.

FICHA DE AYUDA
Para la expresión e interacción
escritas y orales

VOCABULARIO

VIAJES Y VACACIONES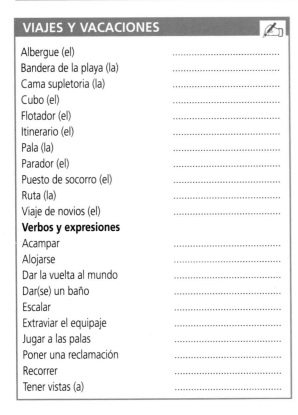

Albergue (el) ....
Bandera de la playa (la) ....
Cama supletoria (la) ....
Cubo (el) ....
Flotador (el) ....
Itinerario (el) ....
Pala (la) ....
Parador (el) ....
Puesto de socorro (el) ....
Ruta (la) ....
Viaje de novios (el) ....

Verbos y expresiones

Acampar ....
Alojarse ....
Dar la vuelta al mundo ....
Dar(se) un baño ....
Escalar ....
Extraviar el equipaje ....
Jugar a las palas ....
Poner una reclamación ....
Recorrer ....
Tener vistas (a) ....

TRANSPORTES

Autovía (la) ....
Bache (el) ....
Carretera (la) ....
Chaleco (el) ....
Compartimento (el) ....
Cruce (el) ....
Curva (la) ....
Grúa (la) ....
Pasajero (el) ....
Peatón (el) ....
Rotonda (la) ....
Rueda de repuesto (la) ....
Seguro (el) ....
Taller (el) ....
Trayecto (el) ....
Vagón (el) ....
Ceda el paso (el) ....

Verbos y expresiones

Acelerar ....
Adelantar ....
Cancelar un vuelo ....
Chocar contra algo ....
Dar la vuelta ....
Facturar ....
Frenar ....
Hacer un crucero ....

TRANSPORTES (continúa)

Llevar la voz cantante ....
No pegar ojo ....
Pinchar(se) una rueda ....
Poner una multa ....
Sacar(se) el carné de conducir ....
Salir(se) de la carretera ....

GEOGRAFÍA Y NATURALEZA

Alga (el) ....
Arbusto (el) ....
Cometa (el) ....
Laguna (la) ....
Luna llena (la) ....
Orilla (la) ~ del río/del mar ....
Paisaje árido (el) ....
Relámpago (el) ....
Temporal (el) ....
Trueno (el) ....

Verbos y expresiones

Caer un chaparrón ....
Granizar ....
Helar ....
Ponerse (el sol) ....
Salir (el sol) ....
Soplar (el viento) ....

EL MEDIO AMBIENTE

Ahorro energético (el) ....
Calentamiento global (el) ....
Cambio climático (el) ....
Catástrofe natural (la) ....
Contaminación del agua (la) ....
Desarrollo sostenible (el) ....
Desertización (la) ....
Ecosistema (el) ....
Efecto invernadero (el) ....
Glaciar (el) ....
Impacto medioambiental (el) ....
Inundación (la) ....
Marea negra (la) ....
Maremoto (el) ....
Nivel del mar (el) ....
Placas fotovoltaicas (las) ....
Residuos (los) ....
Sequía (la) ....
Sobrepesca (la) ....

Verbos y expresiones

Extinguir(se) ....
Incendiar(se) ....
Preservar el medio ambiente ....
Talar un árbol ....

DESCRIPCIÓN DE LA PRUEBA 1

- La prueba 1, **Comprensión de lectura**, consta de **4 tareas**. Su duración total es de **70 minutos**.
- Las 4 tareas son de respuesta escrita y de calificación objetiva.
- Para la realización exitosa de esta prueba se requiere captar distinciones y **matices de significado** en textos de ámbito público, profesional, personal y académico. Esto exige una **lectura específica** y **detallada** de los textos y la atención a resúmenes, parafraseados de ideas, reformulaciones, sinónimos, antónimos…
- Es fundamental reconocer los elementos del texto que proporcionan **coherencia** y **cohesión**. La **progresión temática** y las **relaciones lógicas internas** (uso de conectores, demostrativos, adverbios, pronombres) han de ser tenidas en cuenta para la resolución de la prueba.

http://nivelesb.diplomas.cervantes.es/pdf/examen_0_b2.pdf

DESCRIPCIÓN DE LA TAREA 1

- La tarea 1 de Comprensión de lectura consiste en **captar las ideas esenciales contenidas en un texto informativo complejo, así como entender la información específica de los párrafos que lo componen. Se trata de captar el significado detallado de cada una de las oraciones que integran un párrafo**.
- En esta tarea se deben seleccionar seis ítems de respuesta preseleccionada. Cada ítem presenta tres opciones de respuesta.
- Los textos pueden pertenecer al ámbito público, profesional o académico y pueden ser artículos de opinión, noticias, etc.; es decir, textos expositivos de distinta tipología. La extensión oscila entre las 400 y 450 palabras.
- Es muy importante leer detenidamente los enunciados en busca de sinónimos, de oraciones que parafrasean la información contenida en las opciones de respuesta. Asimismo, es importante que toda la información de la opción de respuesta sea correcta y no tan solo una parte.
- Es fundamental responder atendiendo exclusivamente al contenido del texto, no por conocimiento del mundo o basándose en conclusiones. Las preguntas miden la comprensión de cada párrafo, por lo que es esencial tener en cuenta únicamente lo que se dice en el texto.

70 min Tiempo disponible para las 4 tareas.

TAREA 1

A continuación va a leer un texto. Después, deberá contestar a las preguntas, 1-6, y seleccionar la respuesta correcta, a), b) o c).

el portal para el marketing, publicidad y los medios   los medios   Google™ Búsqueda personalizada   Buscar   X

PERDER EL MIEDO A LOS VIAJES DE TRABAJO

Muchos son los puestos de trabajo en los que hay que viajar. Cuando eres joven, lo agradeces, es una aventura y toda una experiencia empresarial. Con el paso de los años, te gustaría no tener que viajar tanto y pasar más días en tu casa.

Si viajas con compañeros o con tu jefe, en muchas ocasiones no te queda más remedio que pasar ratos con ellos, cuando tal vez no te apetezca. Si viajas solo, al final es un poco aburrido; terminas comiendo cualquier cosa… En fin, que en muchas ocasiones, no es tan bonito ni tan divertido como lo pintan.

Elige primero el vuelo y ajusta después los horarios de tus reuniones. Si tus interlocutores son flexibles, podrás ahorrar hasta un 50% en el billete de avión, dependiendo de la hora del vuelo. Si reservas con tiempo y por Internet, tendrás más opciones entre las que elegir, y pagarás menos. Paga tu viaje con tarjeta. La mayoría de las entidades financieras «premian» a sus clientes con un seguro de viajes extra (sin coste adicional) y otras ventajas por pagar con tarjeta de crédito.

Verifica que toda tu documentación esté en regla -sobre todo si necesitas pasaporte o visado- y haz una fotocopia de los documentos más importantes, por si perdieses alguno de ellos. No apures la duración de tu visado: algunos países exigen que tenga como mínimo seis meses de vigencia en la fecha del viaje.

No factures tu ordenador, PDA, móvil, ni la documentación importante: más de 29 millo-nes de maletas se perdieron el año pasado en los aeropuertos europeos. Protege tu información utilizando redes de comunicación seguras, incluye contraseñas en ordenador, teléfono, etc., y duplica la información relevante en un disco externo o en un sistema remoto que tu empresa podrá proporcionarte. Desactiva los servicios que no vayas a utilizar en el viaje y cambia las contraseñas cuando vuelvas.

Si te gusta el deporte, busca un hotel con gimnasio; lleva ropa deportiva en tu maleta y trata de mantener tus hábitos. Si prefieres correr, alójate cerca de un parque para tener todas las facilidades: te dará menos pereza hacer deporte.

Aprovecha la soledad del viaje para hacer cosas que habitualmente no puedes hacer. Lleva un par de libros, revistas, juegos, etc. Sal de la habitación del hotel, da un paseo o trata de planificar alguna visita lúdica… En casi todas las ciudades hay museos y exposiciones diversas; incluye la visita en tu agenda. Si estás fuera del país y echas de menos a amigos y familiares, procura llevarte algunas fotos; te ayudarán a sentirte más cerca de los tuyos.

Adaptado de www.euribor.com.es

PREGUNTAS

1. Según el texto, el entusiasmo por los viajes depende…
   a) de la edad de la persona.
   b) de los años que lleve trabajando en una empresa.
   c) de si se viaja solo o acompañado.

2. En el texto se señala que…
   a) se puede ahorrar más de la mitad del precio del viaje si se reserva con tiempo.
   b) el precio del billete de avión es más bajo si se paga con tarjeta.
   c) la planificación del trabajo en el destino debe ser posterior a la compra del billete de avión.

3. En el texto se advierte de que…
   a) es necesario hacer el visado, como mínimo, seis meses antes del viaje.
   b) es válido llevar fotocopia de algunos documentos si se pierden antes del viaje.
   c) es conveniente fotocopiar algunos documentos como medida de precaución.

4. En el texto se recomienda…
   a) no llevar las facturas de algunos objetos personales para evitar su pérdida.
   b) llevar algunos objetos dentro del avión.
   c) llevar copias de seguridad de la información importante.

5. Según el texto…
   a) es importante hacer deporte en los viajes de trabajo.
   b) no debe romperse la rutina del ejercicio físico en los viajes de trabajo.
   c) es recomendable alojarse cerca de un parque con instalaciones deportivas.

6. En el texto se indica que…
   a) los viajes ofrecen oportunidades de romper con la rutina.
   b) hay que romper con la rutina de los viajes.
   c) en los hoteles se puede contratar una visita a la ciudad.

P I S T A S

- **1-A:** Según el texto, el entusiasmo de los viajes depende de… la edad de la persona.
  Muchos son los puestos de trabajo en los que hay que viajar. Cuando eres joven, lo agradeces […]. Con el paso de los años, te gustaría no tener que viajar tanto y pasar más días en tu casa.
  No es B porque el paso de los años se refiere a la edad de la persona, no a los años que lleva en la empresa.
  No es C porque en el texto se señalan los factores negativos de viajar solo y acompañado, sin indicar las ventajas de cada una de estas opciones.

- **2-C:** En el texto se señala que… la planificación del trabajo en el destino debe ser posterior a la compra del billete de avión.
  Elige primero el vuelo y ajusta después los horarios de tus reuniones.
  No es A: *podrás ahorrar hasta un 50% en el billete de avión*, es decir, como máximo se ahorra un 50%, pero no más. Además el viaje se refiere a su conjunto (billete + hotel + dietas, etc.), no solamente al vuelo.
  No es B: el pago con tarjeta ofrece un seguro de viajes gratuito y otras ventajas, pero no una reducción en el precio del billete.

- **3-C:** En el texto se advierte de que… es conveniente fotocopiar algunos documentos como medida de precaución.
  […] haz una fotocopia de los documentos más importantes, por si perdieses alguno de ellos.
  No es A, pues se indica que el visado debe tener, como mínimo, seis meses <u>más</u> de duración en el momento del viaje.
  No es B, porque se recomienda hacer fotocopias <u>por si acaso</u> se pierde algún documento, pero no se dice que se lleven fotocopias <u>en lugar de</u> los documentos originales.

- **4-B:** En el texto se recomienda… llevar algunos objetos dentro del avión.
  No factures tu ordenador, PDA, móvil, ni la documentación importante […].
  No es A: en el texto se advierte de que no hay que separarse de algunos objetos, pero no se habla de las facturas de dichos objetos.
  No es C porque en el texto se dice que debe duplicarse la información en un sistema remoto o en un disco externo, pero no que se lleve consigo esa información.

- **5-B:** Según el texto… no debe romperse la rutina del ejercicio físico en los viajes de trabajo.
  Si te gusta el deporte […] trata de mantener tus hábitos.
  No es A porque la recomendación de buscar un hotel con gimnasio o cercano a un parque se hace si gusta el deporte, no en cualquier caso.
  No es C porque se dice que alojarse cerca de un parque ofrece facilidades para no abandonar la práctica deportiva. No se señala que el parque deba contar con instalaciones para hacer deporte.

- **6-A:** En el texto se indica que… los viajes ofrecen oportunidades de romper con la rutina.
  Aprovecha la soledad del viaje para hacer cosas que habitualmente no puedes hacer.
  No es B: se recomienda romper con la rutina de la vida diaria, no con la de los viajes.
  No es C: en el texto se recomienda hacer alguna actividad lúdica durante el viaje, lo que puede incluir una visita a museos o exposiciones. Eso no significa que en todos los hoteles haya un servicio para contratar una visita guiada.

DESCRIPCIÓN DE LA TAREA 2

- La tarea 2 de Comprensión de lectura consiste en **seleccionar** entre una batería de diez frases cuál(es) **dice la persona A**, cuál(es) **la persona B**, cuál(es) **la persona C** y cuál(es) **la persona D**.
- Se trata de captar las intenciones, sentimientos, actitudes y valoraciones expresadas en cuatro textos, cada uno de ellos con una extensión de 130 a 150 palabras.
- Los textos son expositivos y pueden pertenecer al ámbito personal o público.
- Le aconsejamos que lea una vez las preguntas antes de leer los textos.
- Le recomendamos que lea los textos detenidamente, pues es importante captar los pequeños matices para resolver la actividad con éxito: sinónimos y antónimos, frases hechas, perífrasis, conectores, preposiciones y conjunciones, etc.
- Tenga en cuenta que el hecho de que haya diez frases no significa que exista una proporción similar para cada una de las posibilidades, pues la persona A puede haber dicho 3, la persona B, 2; la persona C, 4 y la persona D, 1, por ejemplo.

A continuación va a leer cuatro textos en los que cuatro personas hablan sobre el cambio climático. Después, tendrá que relacionar las preguntas, 7-16, con los textos, a), b), c) y d),

PREGUNTAS

	a) Blas	b) Elisa	c) Antonio	d) Marina
7. ¿Quién señala que es posible que el hombre modifique levemente el clima?				
8. ¿Quién indica que el calor ha subido de forma gradual desde hace treinta años?				
9. ¿Quién advierte, de forma explícita, que es esencial no caer en el pesimismo respecto al cambio climático?				
10. ¿Quién juzga que no hay pruebas de la intervención del hombre en el cambio climático?				
11. ¿Quién afirma que debe considerarse el nivel de desarrollo de cada país para solucionar los problemas ambientales?				
12. ¿Quién considera que los datos sobre la subida de temperaturas son pesimistas y no justificados?				
13. ¿Quién precisa que los cambios en el clima son atribuibles únicamente a las personas?				
14. ¿Quién señala que la subida de temperaturas no ha sido uniforme últimamente?				
15. ¿Quién menciona que hay pruebas científicas del cambio climático?				
16. ¿Quién indica que el cambio climático no es exclusivo de nuestro planeta?				

a) Blas

Los datos instrumentales (temperatura, precipitaciones) y las observaciones de los efectos del cambio climático (retroceso de glaciares, aumento del nivel del mar, cambios en la distribución de especies) durante el siglo xx son incontestables. Los datos meteorológicos muestran un aumento progresivo de la temperatura que ha sido especialmente acusado en las últimas tres décadas. El clima es un sistema complejo que ha variado a lo largo de la historia por causas naturales. Sabemos, sin embargo, que el impacto de la actividad humana es enorme. Los cambios que hemos observado durante este siglo solo pueden explicarse si consideramos esa ayuda extra que le hemos dado al clima para que cambie. En cuanto a España, el panorama a finales de siglo presenta unas condiciones más áridas, con un elevado aumento de la temperatura media, un descenso de precipitaciones y un mayor número de sequías e inundaciones.

b) Elisa

El clima está cambiando siempre. Lo importante es saber si ahora es cierto que está cambiando muy rápidamente, y yo creo que no. Lleva un siglo de lento e irregular calentamiento. Que la atmósfera se caliente suavemente es bueno. Quizá intervengamos un poco en este calentamiento, pero poco en comparación con los cambios naturales en la circulación de las corrientes oceánicas, en la nubosidad, la evolución de la intensidad solar, el volcanismo y otros factores no humanos. Mi interés por la naturaleza no es exactamente ecologista, sino naturalista, por mi condición de geógrafa. Para mejorar la situación, en los países desarrollados debemos enfrentarnos a los auténticos daños que infligimos al medio ambiente. El más importante es el de la sobrepesca. En los países subdesarrollados hemos de intentar que salgan de la pobreza, ligada a la contaminación del aire y de las aguas, con tecnología moderna. El desarrollo eléctrico es un medio importante.

c) Antonio

El cambio climático es un fenómeno inequívoco atribuido al impacto del ser humano. Los medios de comunicación han de informar sobre él, sobre el grado de amenaza que supone y sobre la necesidad urgente de actuar. Entendida la comunicación como servicio público, el periodismo debe asumir el reto de comunicar los impactos ya inevitables y las políticas de respuesta precisas a través de una información de calidad. Los medios de comunicación no deben convertir la información sobre el cambio climático en un falso debate entre si este existe o no. Es necesario identificar los intereses a los que sirven y valorar el rigor y la legitimidad científica de la información que llega a los medios. Es preciso evitar tanto el catastrofismo como la omisión de información. Siempre que sea posible, se debe complementar la alarma con la presentación de posibilidades de intervención y alternativas de solución.

d) Marina

Los gases de la Tierra funcionan como una manta en la atmósfera. El calor que nos llega del Sol rebota hacia el cielo y queda retenido. Las temperaturas suben, pero medio grado en dos siglos: (0,6°) es una miseria, lo que muestra el tipo de alarmismo al que nos enfrentamos. En todo el proceso interviene el Sol y los ciclos solares son matemáticos, con unas manchas cíclicas que regulan el clima del sistema solar. Hasta la NASA reconoce que la mitad de este aumento se debe al CO_2 y la otra a los ciclos solares. Es decir, 0,3° por el supuesto CO_2. ¿Medio grado es peligroso? La naturaleza es «culpable» de la situación. El calentamiento de Marte es una prueba capital. Nadie ha demostrado que el ser humano sea el culpable. Emitimos 6 000 millones de toneladas de CO_2 y en la atmósfera hay 750 000. Esto jamás podría causar un cambio climático.

Adaptado de www.diariovasco.com; www.efeverde.com; http://www.20minutos.es

Preparación Diploma de Español (Nivel B2)

P I S T A S

- **7-B:** ¿Quién señala que es posible que el ser humano modifique levemente el clima?
  Elisa admite que *quizá intervengamos un poco en este calentamiento,* pero esa intervención es pequeña: *es poco en comparación con los cambios naturales.* Por tanto, la modificación es mínima.
- **8-A:** ¿Quién indica que el calor ha subido de forma gradual desde hace treinta años?
  Blas señala que hay un *aumento progresivo de la temperatura,* es decir, una subida gradual *en las tres últimas décadas;* esto es, desde hace treinta años.
- **9-C:** ¿Quién advierte, de forma explícita, que es esencial no caer en el pesimismo respecto al cambio climático?
  Antonio indica que es *preciso* evitar el *catastrofismo,* palabras que, en el texto, equivalen a los términos *esencial* y *pesimismo,* respectivamente.
- **10-D:** ¿Quién juzga que no hay pruebas de la intervención del hombre en el cambio climático?
  Señala Marina: *Nadie ha demostrado que el ser humano sea el culpable.*
- **11-B:** ¿Quién afirma que debe considerarse el nivel de desarrollo de cada país para solucionar los problemas ambientales?
  Elisa juzga que, para mejorar la situación, en los países desarrollados *debemos enfrentarnos a los auténticos daños que infligimos al medio ambiente;* mientras que en los países subdesarrollados, *hemos de intentar que salgan de la pobreza con tecnología moderna.*
- **12-D:** ¿Quién considera que los datos sobre la subida de temperaturas son pesimistas y no justificados?
  Marina ofrece los siguientes datos: *emitimos 6 000 millones de toneladas de CO_2 y en la atmósfera hay 750 000* que apoyan su afirmación previa: *Las temperaturas suben, pero medio grado en dos siglos (0,6°) es una miseria, lo que muestra el tipo de alarmismo al que nos enfrentamos.*
- **13-C:** ¿Quién precisa que los cambios en el clima son atribuibles únicamente a las personas?
  Antonio sostiene que *el cambio climático es un fenómeno inequívoco atribuido al impacto del ser humano,* sin indicar la existencia de otras causas.
- **14-B:** ¿Quién señala que la subida de temperaturas no ha sido uniforme últimamente?
  Elisa dice que el clima lleva un siglo de *lento* e *irregular calentamiento,* es decir, se trata de una subida no uniforme de la temperatura.
- **15-A:** ¿Quién menciona que hay pruebas científicas del cambio climático?
  Blas considera que *los datos instrumentales (temperatura, observaciones)* y *las observaciones de los efectos del cambio climático son incontestables,* es decir, tienen estatuto científico.
- **16-D:** ¿Quién indica que el cambio climático no es exclusivo de nuestro planeta?
  Marina aporta un ejemplo para argumentar su tesis: *El calentamiento de Marte es una prueba capital.*

DESCRIPCIÓN DE LA TAREA 3

- La tarea 3 de Comprensión de lectura consiste en **reconstruir la estructura global de un texto mediante la identificación de los fragmentos omitidos y su ubicación correcta. Se trata de identificar la relación entre las ideas de los distintos párrafos y así ser consciente de la cohesión textual**.
- En esta tarea debe seleccionar seis de los ocho enunciados extensos (entre 15 y 20 palabras) y ubicarlos en el párrafo al que pertenecen.
- Los textos pueden pertenecer a un ámbito público, profesional o académico y pueden ser artículos de opinión, noticias, guías de viaje, etc.; es decir, textos expositivos de distinta tipología. La extensión oscila entre las 400 y 450 palabras.
- Es muy importante leer detenidamente los enunciados en busca de elementos como pronombres, conectores, repetición de palabras, referencias internas, etc., que nos den pistas sobre las oraciones previas o siguientes al fragmento omitido.
- Tenga en cuenta que dos de los fragmentos no pertenecen al texto.

A continuación va a leer un texto del que se han extraído seis fragmentos. Después, lea los ocho fragmentos propuestos, a)-h), y decida en qué lugar del texto, 17-22, hay que colocar seis de ellos. Cuidado, hay dos fragmentos que no tiene que elegir.

El sistema de préstamo de bicis de Valladolid («Vallabici») cumple su primer mes con más de 550 usuarios

El sistema de préstamo de bicicletas de Valladolid cumple este jueves, 6 de junio, el primer mes de funcionamiento con 3 763 usos y con 556 abonados. **17.** _____. Las previsiones son igualmente optimistas: se cree que en torno al mes de agosto se alcanzarán los 1 000 usuarios y que en un futuro se mantendrá una clientela estable de unas 2 000 personas.

Por franjas de edad, el mayor número de usuarios habituales se encuentra entre los 30 y los 39 años, seguidos de las personas de entre 40 y 49 años y de los jóvenes de entre 18 y 29 años. En los últimos lugares se encuentran los mayores y los menores de edad. **18.** _____.

El director comercial de Campos Corporación, Santiago Sevilla, ha recalcado que las sensaciones iniciales son *bastante buenas*. **19.** _____. Hasta el momento, funcionan 24 bases de préstamo repartidas por toda la ciudad, al tiempo que se ultima la instalación de las que cuentan con placas fotovoltaicas para generar energía.

Durante este primer mes, según la empresa, apenas se han registrado incidencias graves, salvo el hallazgo de una bicicleta abandonada en la vía pública, que se pudo recuperar sin daños. *Ni se han constatado actos vandálicos ni se han tenido que retirar las bicis por la noche en ninguna estación de préstamo.* **20.** _____.

El horario del servicio es desde las siete de la mañana hasta las once de la noche, todos los días del año. **21.** _____. En el primer caso, se trata de un abono anual, con un coste de 25 euros, mientras que en el segundo caso el coste es inferior (5 euros), y requiere de una fianza para afrontar cualquier desperfecto en la bicicleta y el exceso en el tiempo de uso. **22.** _____. En el caso del Bonobici, la primera media hora de uso de la bicicleta siempre será gratuita.

Una vez que el usuario ha finalizado su paseo, únicamente debe acercarse a cualquier aparca-bicicletas de la ciudad y anclar su vehículo en uno de los módulos libres en ese momento. El sistema reconocerá la bicicleta y, por tanto, al usuario que la ha devuelto.

Adaptado de www.20minutos.es

FRAGMENTOS

a)

Por ello, podemos decir que Valladolid es un ejemplo de civismo, ha subrayado Santiago Sevilla.

b)

Las opiniones de los usuarios a través de las redes sociales y de la página web son también muy positivas.

c)

Según ha informado la empresa Campos Corporación, que presta el servicio, el balance de este primer mes es *satisfactorio*.

d)

El sistema pone a disposición de los interesados dos tipos de tarifa: Bonobici y Usuario Puntual.

e)

Asimismo, las estaciones de préstamo más utilizadas son las de la plaza de Zorrilla y la plaza de Madrid.

f)

Como ha recordado la compañía, estos últimos necesitan la autorización de los padres para abonarse al sistema.

g)

Ambos tipos de abono contarán con unas tarifas por tiempo de uso cuyos costes se irán descontando del importe del abono.

h)

Se trata de la base de préstamo de la Casa de la India, ya instalada pero aún sin suministro eléctrico.

PISTAS

- **17-C:** Según ha informado la empresa Campos Corporación, que presta el servicio, el balance de este primer mes es satisfactorio.
  El fragmento suprimido está vinculado semánticamente a la oración previa, al hablar del *balance de este primer mes*.
- **18-F:** Como ha recordado la compañía, estos últimos necesitan la autorización de los padres para abonarse al sistema.
  Estos últimos representa, dentro del fragmento eliminado, a los menores de edad mencionados en la oración anterior, que necesitan, por esa condición, contar con una autorización paterna.
- **19-B:** Las opiniones de los usuarios a través de las redes sociales y de la página web son también muy positivas.
  El fragmento omitido se conecta temáticamente al anterior, que habla de las opiniones (*sensaciones*) de la calle. La misma línea se observa *también* en la página web y en las redes sociales.
- **20-A:** Por ello, podemos decir que Valladolid es un ejemplo de civismo, ha subrayado Santiago Sevilla.
  El fragmento suprimido resume, en una afirmación, los datos del párrafo, que indican la existencia de un comportamiento cívico: *Ni se han constatado actos vandálicos, ni se han tenido que retirar las bicis por la noche…*
- **21-D:** El sistema pone a disposición de los interesados dos tipos de tarifa: Bonobici y Usuario Puntual.
  El fragmento eliminado menciona los dos tipos de tarifa que se explican a continuación: el Bonobici y el Usuario Puntual.
- **22-G:** Ambos tipos de abono contarán con unas tarifas que bajarán su precio cuanto mayor sea el tiempo de uso de la bici.
  El fragmento omitido comienza con *Ambos tipos de abono*, referencia clara a la descripción de los dos tipos de abono que se realiza en la oración previa.

Los enunciados que sobran son E y H.

DESCRIPCIÓN DE LA TAREA 4

- Esta tarea consiste en **la identificación de las estructuras gramaticales apropiadas para completar un texto extenso complejo**. En él se hallan catorce ítems, cada uno con tres opciones de respuesta.
- Los textos son de tipo literario o histórico. Pertenecen, al igual que en la tarea previa, a los ámbitos público, profesional y académico.
- La tarea consiste en seleccionar **a, b** o **c** en cada uno de los catorce ítems.
- Para la realización de esta actividad es fundamental tener en cuenta la organización de la oración y del discurso. Los ítems pueden versar sobre cuestiones gramaticales diferentes: tiempos verbales, adverbios, pronombres, conjunciones, preposiciones, etc.

Lea el texto y rellene los huecos, 23-36, con la opción correcta, a), b) o c).

EL CUADERNO DE MAYA

Mis abuelos eran viajeros experimentados y prácticos. En los álbumes de fotos aparecemos los tres en exóticos lugares siempre con la misma ropa, porque habíamos reducido el equipaje a lo más elemental y manteníamos preparadas las maletas de mano, _____23_____ nos permitía partir en media hora, según la oportunidad. Una vez mi Popo y yo estábamos leyendo sobre los gorilas en un *National Geographic*, de cómo _____24_____ vegetarianos, mansos y con sentido de familia, y mi Nini, que pasaba por la sala con un florero en la mano, comentó a la ligera que _____25_____ ir a verlos. «Buena idea», contestó mi Popo, cogió el teléfono, llamó a mi papá, consiguió los pasajes y al día siguiente íbamos hacia Uganda con nuestras maletitas.

A mi Popo _____26_____ invitaban a seminarios y conferencias y si podía nos _____27_____, porque mi Nini temía que una desgracia nos _____28_____ separados. Chile es una pestaña entre las montañas de los Andes y las profundidades del Pacífico, con centenares de volcanes, algunos con la lava aún tibia, que pueden despertar en cualquier momento y hundir el territorio en el mar. _____29_____ explica que mi abuela chilena espere siempre lo peor, esté preparada para emergencias y ande por la vida con un sano fatalismo, apoyada _____30_____ algunos santos católicos de su preferencia y por los vagos consejos del horóscopo.

Yo faltaba con frecuencia a clases, porque viajaba con mis abuelos; solo mis buenas notas impedían que fuera expulsada. Me sobraban recursos, fingía apendicitis, migraña, y si eso fallaba, convulsiones. A mi abuelo era fácil engañarlo, pero mi Nini me curaba con métodos drásticos, una ducha helada o una cucharada de aceite de hígado de bacalao, _____31_____ le conviniera que yo faltara, por ejemplo, cuando me llevaba a protestar contra la guerra de turno, pegar carteles en defensa de los animales de laboratorio o encadenarnos a un árbol para jorobar a las empresas madereras. En más _____32_____ una ocasión, mi Popo tuvo que ir a rescatarnos a la comisaría. La policía de Berkeley es indulgente, está acostumbrada _____33_____ manifestaciones callejeras por cuanta causa noble existe, fanáticos bien intencionados capaces de acampar por meses en una plaza pública, estudiantes decididos a tomar la universidad, mendigos _____34_____ en otra vida fueron *suma cum laude* y, en fin, a cuanto ciudadano virtuoso, intolerante y combatiente existe en esa ciudad, donde casi todo está permitido, _____35_____ se haga con buenas maneras. A mi Nini y a Mike O'Kelly se les suelen olvidar las buenas maneras en el fragor de defender la justicia, pero si son detenidos nunca terminan en una celda, _____36_____ que el sargento Walczak va personalmente a comprarles *cappuccinos*.

Texto adaptado, Isabel Allende

Comprensión de lectura

23. **a)** las que   **b)** el que   **c)** lo que
24. **a)** son   **b)** sean   **c)** fueran
25. **a)** debimos   **b)** deberíamos   **c)** habíamos debido
26. **a)** se   **b)** lo   **c)** Ø
27. **a)** llevaría   **b)** llevara   **c)** llevaba
28. **a)** pillara   **b)** pillaría   **c)** pillaba
29. **a)** Eso   **b)** Ese   **c)** Esa
30. **a)** para   **b)** a   **c)** por
31. **a)** a no ser que **b)** a condición de que   **c)** con tal de que
32. **a)** con   **b)** de   **c)** que
33. **a)** de   **b)** para   **c)** a
34. **a)** los cuales   **b)** que   **c)** quienes
35. **a)** por si   **b)** siempre que **c)** si
36. **a)** sino   **b)** pero   **c)** salvo

> **Anote el tiempo que ha tardado:**
>
> Recuerde que solo dispone de **70 minutos**

─────────── P I S T A S ───────────

- **23-C: lo que.** El pronombre neutro *lo* representa toda la información de la oración previa (*manteníamos preparadas las maletas de mano*). Esa función es imposible para *el* o *las,* capaces de representar un sustantivo, pero nunca un contenido oracional.

- **24-A: son.** Se describe el comportamiento de los gorilas, usando para ello el presente de indicativo. Podría parafrasearse esta oración del modo siguiente: *estábamos leyendo sobre los gorilas […], que son vegetarianos, mansos y con sentido de familia.* Se habla de algo identificado, lo que imposibilita el empleo de *sean* o *fueran,* presente y pretérito imperfecto de subjuntivo respectivamente.

- **25-B: deberíamos.** El uso del condicional sirve aquí para expresar una sugerencia realizada por la abuela. Este sentido no puede comunicarse con el futuro (*deberemos*) y tampoco con el pretérito pluscuamperfecto de indicativo (*habíamos debido*).

- **26-B: lo.** Cuando el complemento directo aparece en primera posición oracional es obligatoria su repetición con pronombre, en este caso *lo,* por tratarse de un referente masculino.

- **27-C: llevaba.** Se expresa aquí una condición real, con un sentido próximo a *cuando podía, nos llevaba.* Este significado es imposible de expresar con el pretérito imperfecto de subjuntivo (*llevara*) y con el condicional (*llevaría*), apto para expresar una hipótesis referida al presente o al futuro: *Si pudiera, nos llevaría.*

- **28-A: pillara.** *Temer* expresa un sentimiento y por ello exige el subjuntivo tras la conjunción *que.* Esto convierte en incorrectas las opciones B (condicional) y C (pretérito imperfecto), por tratarse de tiempos de indicativo.

- **29-A: Eso.** Este pronombre representa toda la oración precedente (*Chile […] en el mar*). *Ese* y *esa* no pueden referirse a un contenido oracional, sino a sustantivos, lo que hace que sean incorrectos.

- **30-C: por.** *Apoyada por* es un caso de voz pasiva: *Algunos santos apoyaban a mi abuela → Mi abuela [era] apoyada por algunos santos.* Esto justifica la presencia de *por* y la incorrección de las otras dos opciones.

- **31-A: a no ser que.** Esta locución expresa una condición negativa. Tal contenido no es comunicado por *con tal de que* ni por *a condición de que,* lo que las hace inapropiadas en este contexto.

- **32-B: de.** *Más de* indica una cantidad aproximada, mientras que *más que* se usa para una comparación. La preposición *con* es errónea en este contexto.

- **33-C: a.** *Acostumbrarse* exige la preposición *a.* Por esta razón son incorrectas las preposiciones *de* y *para.*

- **34-B: que.** No es posible el uso de *los cuales* o *quienes* en una oración especificativa sin preposición o sin una coma delante.

- **35-B: siempre que.** Esta conjunción condicional es equivalente a *con tal de que* y ambas pueden parafrasearse por *con la condición necesaria de que. Por si (por si acaso)* significa *en caso de una posible contingencia.* Esta opción, junto a *si,* es incorrecta tanto por su significado como por impedir el uso del presente de subjuntivo.

- **36-A: sino.** *Sino* contrapone una opción afirmativa a una opción negativa previamente mencionada, es decir, corrige lo manifestado anteriormente. Tal significado no es expresable con *pero* y tampoco con *salvo.*

 Comprensión
auditiva

**40
min**

**Tiempo disponible
para las 5 tareas.**

DESCRIPCIÓN DE LA PRUEBA 2

- La prueba de **Comprensión auditiva** contiene **5 tareas**. Usted debe responder a **30 preguntas**.
- Duración: **40 minutos**.
- Marque sus opciones únicamente en la Hoja de respuestas.
- Lea siempre las preguntas antes de las audiciones.

http://nivelesb.diplomas.cervantes.es/pdf/examen_0_b2.pdf

DESCRIPCIÓN DE LA TAREA 1

- La tarea 1 de Comprensión auditiva consiste en **extraer** las ideas esenciales y en **captar** informaciones específicas de conversaciones formales e informales.
- Los textos constan de 40 a 60 palabras y pertenecen a distintos ámbitos: académico, profesional, público y personal.
- Consta de **seis ítems** de selección múltiple, cada uno con tres opciones de respuesta, de las cuales solo una es la correcta.
- Le aconsejamos que lea las preguntas antes de escuchar los diálogos.
- Le recomendamos que durante las audiciones preste atención a las palabras clave; sinónimos, antónimos, locuciones y frases hechas; también a la entonación, situación pragmática, etc.

Comprensión auditiva

A continuación va a escuchar seis conversaciones breves. Oirá cada conversación dos veces seguidas. Después, tendrá que seleccionar la opción correcta, a), b) o c), correspondiente a cada una de las preguntas, 1-6.
Dispone de 30 segundos para leer las preguntas.

PREGUNTAS

Conversación 1

1. En esta conversación…

    a) el hombre propone acampar cerca de un río con mucha vegetación.

    b) el hombre sugiere hacer un viaje con la intención de subir a una montaña.

    c) la mujer preferiría hacer un viaje en barco o a un país asiático.

Conversación 2

2. En esta audición escuchamos que…

    a) la mujer encuentra dentro de una bolsa un objeto que usa el niño para bañarse.

    b) a la mujer le da asco el agua porque está llena de bichos.

    c) el hombre propone jugar a las cartas porque no se pueden bañar.

Conversación 3

3. En este diálogo se dice que la mujer…

    a) quiere escribir una queja por el mal servicio del hotel.

    b) había reservado una cama extra.

    c) tenía una reserva de habitación con acceso directo al mar.

Conversación 4

4. En esta conversación…

    a) la mujer cuenta que se ha salido de la carretera y se ha dado un golpe con el coche.

    b) el hombre dice que el seguro le enviará a un mecánico para arreglar la rueda.

    c) la mujer le pide a su marido que le cambie la rueda de repuesto.

Conversación 5

5. En la audición se dice que…

    a) el principal objetivo de la excursión es escalar montañas.

    b) los cuatro amigos van a viajar en tren.

    c) hará sol, pero se pronostica lluvia a partir de la tarde del sábado.

Conversación 6

6. En esta conversación escuchamos que…

    a) el navegador les dice que en la rotonda giren a la derecha en dirección Burgos.

    b) el navegador les dice que den la vuelta en cuanto cojan la autovía A1.

    c) el hombre le pide a su mujer que no disminuya la velocidad del coche en la curva.

PISTAS

- **1-C: La mujer preferiría hacer un viaje en barco o a un país asiático.**
  A la mujer le apetece hacer *un crucero,* que es un viaje en barco, o hacer un viaje a Tailandia. No es A porque el hombre no le propone a su novia *acampar* (ir de *camping* o con tienda de campaña), sino ir a *un hotelito rural o una cabaña.* Y no es B porque el hombre no dice que tenga intención de subir a una montaña, sino que quiere *tener vistas* (ver) a las montañas.

- **2-A: La mujer encuentra dentro de una bolsa un objeto que usa el niño para bañarse.**
  La mujer pregunta por *el flotador* (objeto para flotar en el agua) del niño y luego dice... *¡Ah, sí!,* refiriéndose a que lo ha encontrado dentro de la otra bolsa, siguiendo las indicaciones del marido. No es B porque a la mujer le dan asco las *algas* (especie de plantas acuáticas), no los bichos. Y no es C porque el hombre propone *jugar a las palas* (un juego con una pelota pequeña y dos raquetas de madera o plástico similar al tenis), no a las cartas.

- **3-A: Quiere escribir una queja por el mal servicio del hotel.**
  La mujer pide la hoja de reclamaciones para escribir una queja por el mal servicio del hotel. No es B, porque la mujer había reservado una *habitación doble,* es decir, una habitación con dos camas, no con una cama extra. Se queja de que le han puesto una cama *supletoria* (cama que suele ser de menor tamaño que las normales). Y no es C porque la mujer había reservado una habitación *que dé al mar,* es decir, orientada o con vistas al mar, y le han dado una interior (ve *al vecino de enfrente*).

- **4-A: La mujer cuenta que se ha salido de la carretera y se ha dado un golpe con el coche.**
  Al coche de la mujer se le ha *pinchado una rueda,* se ha desviado y *se ha chocado* (se ha dado un golpe) contra *unos arbustos,* pequeños árboles que suelen estar en los bordes o fuera de la carretera. No es B porque el hombre le dice que *llame al seguro para que le envíen una grúa* (un camión para llevar el coche al taller), no un mecánico. Y no es C porque la mujer pide a su marido que le cambie la rueda pinchada por la *de repuesto,* no al revés.

- **5-B: Los cuatro amigos van a viajar en tren.**
  Las palabras *compartimento y vagón* solo pueden referirse a tren, medio de transporte que van a utilizar para viajar. No es A porque se dice que *van a hacer alpinismo* (escalada), pero también, *descenso de barrancos.* Y no es C porque no se dice que se pronostica que vaya a llover a partir de la tarde del sábado, sino que la mujer tiene miedo (*Ya verás como...*) de que a esa hora llueva de forma repentina e intensa (*caer un chaparrón*).

- **6-C: El hombre le pide a su mujer que no disminuya la velocidad del coche en la curva.**
  ¡No, Margarita, no frenes aquí...! El marido alerta con esta orden del peligro de disminuir la velocidad (*frenar*) en *plena curva* (parte de la carretera donde no suele haber mucha visibilidad), para dar la vuelta. No es A porque el navegador no dice que tenga que girar a la derecha en la rotonda, sino en el *cruce* que está antes. Tampoco es B porque no se dice que tengan que dar la vuelta en cuanto cojan la A1, sino antes de cogerla.

Comprensión auditiva

DESCRIPCIÓN DE LA TAREA 2

- La tarea 2 de Comprensión auditiva consiste en **seleccionar** entre una batería de seis frases cuál(es) **dice la persona A**, cuál(es) **la persona B** o cuál(es) **ninguno** de los dos.
- Se trata de captar las intenciones, implicaciones o consecuencias de un texto auditivo con un máximo de 500 palabras.
- Para la realización de esta tarea **dispone de 20 segundos para leer las preguntas antes de escuchar el audio dos veces**. Le recomendamos que lea las frases detenidamente, pues es importante captar los pequeños matices para resolver la actividad con éxito: sinónimos, antónimos, frases hechas, perífrasis, conectores, preposiciones, conjunciones, etc.
- Tenga en cuenta que el hecho de que haya seis frases no significa que haya dos de cada una de las posibilidades, pues la persona A puede haber dicho tres, la persona B, una y nadie, dos.

CD II

Pista 14

A continuación va a escuchar una conversación entre dos personas que hablan sobre los viajes organizados. Después, indique si los enunciados, 7-12, se refieren a lo que dice Montse, a), Joan, b), o ninguno de los dos, c). Escuchará la audición dos veces.

Dispone de 20 segundos para leer los enunciados.

	a) Montse	b) Joan	c) Ninguno de los dos
0. Los motivos para hacer viajes organizados no son los mismos en todas las personas.		✔	
7. Para algunos viajeros, sus compañeros constituyen parte de los inconvenientes del viaje organizado.			
8. La relación siempre será agradable con todos los compañeros si el viajero está motivado.			
9. Viajar es adquirir conocimientos y experimentar otras cosas diferentes a las de tu vida cotidiana.			
10. Los compañeros que cantan en el viaje suelen ser insoportables.			
11. La lengua del país de destino hace que no siempre puedas relacionarte con la gente del lugar.			
12. A todos nos gusta formar parte de un grupo y al mismo tiempo nos atrae lo que no es igual a nosotros.			

Preparación Diploma de Español (Nivel B2)

PISTAS

- **0-B:** Los motivos para hacer viajes organizados no son los mismos en todas las personas.
  Joan dice que las motivaciones para hacer viajes organizados son distintas en cada persona.
  (1 en la transcripción)
- **7-B:** Para algunos viajeros, sus compañeros constituyen parte de los inconvenientes del viaje organizado.
  En este caso Joan habla de *daño inevitable*, es decir, unos inconvenientes del viaje en las personas que viajan por curiosidad y ansia de conocimiento: *En muchos casos […] el compañero de viaje es un daño inevitable.* (2 en la transcripción)
- **8-C:** La relación siempre será agradable con todos los compañeros, si el viajero está motivado.
  No lo dice ni Joan ni Montse; al contrario, Joan dice que las motivaciones para viajar son diferentes y que dependiendo de ellas, las relaciones con los compañeros serán también diferentes: *Por tanto en la medida en que las motivaciones son diferentes en los viajeros, la relación con los compañeros también será distinta.* (3 en la transcripción)
- **9-A:** Viajar es adquirir conocimientos y experimentar otras cosas diferentes a las de tu vida cotidiana.
  Montse dice: *Los viajes son algo más que simples contenidos. No es ir a ver un país o ciudad determinados, sino que hay muchas más cosas, sobre todo vivir experiencias y sensaciones distintas.*
  (4 en la transcripción)
- **10-C:** Los compañeros que cantan en el viaje suelen ser insoportables.
  No lo dice ni Joan ni Montse: Montse dice que hay algunos viajeros que son insoportables porque *siempre quieren llevar la voz cantante*, esto es, ser los organizadores y líderes del grupo; no quiere decir *los que cantan. Claro, a veces hay compañeros insoportables: el que no se ducha, el que quiere llevar la voz cantante…* (5 en la transcripción)
- **11-A:** La lengua del país de destino hace que no siempre puedas relacionarte con la gente del lugar.
  Montse dice: *Lo que limita esto es el idioma, claro […],* utilizando un sinónimo de *lengua.*
  (6 en la transcripción)
- **12-B:** A todos nos gusta formar parte de un grupo y al mismo tiempo nos atrae lo que no es igual a nosotros.
  Joan dice: *En realidad los humanos nos movemos entre dos extremos: el gusto por lo que es distinto y nuevo y la necesidad de ser una comunidad.* (7 en la transcripción)

DESCRIPCIÓN DE LA TAREA 3

- Esta tarea consiste en **extraer información concreta y detallada en una conversación e inferir posibles implicaciones** en una conversación.
- Los textos pertenecen al ámbito público, profesional y académico y corresponden a una entrevista radiofónica o televisiva en la que se expone, describe o argumenta.
- La tarea consiste en seleccionar **a, b** o **c** en cada una de las seis preguntas. Debe tener en cuenta que las preguntas pueden no ir en el mismo orden que el audio.
- Para la realización de esta actividad dispone de **30 segundos para leer las preguntas antes de escuchar el audio dos veces**.
- Le recomendamos de nuevo que lea las frases detenidamente, pues es muy importante captar los pequeños matices para resolver la tarea con éxito: sinónimos, antónimos, frases hechas, perífrasis, conectores, conjunciones, preposiciones, etc.

CD II

Pista 15

A continuación va a escuchar parte de una entrevista a Francisco Lozano, profesor de Biología en la Universidad Ramón Llull de Barcelona y director del Centro de Estudios de la Biosfera, hablando de los viajes en el tiempo. Escuchará la entrevista dos veces. Después, conteste a las preguntas, 13-18. Seleccione la respuesta correcta, a), b) o c).
Dispone de 30 segundos para leer las preguntas.

PREGUNTAS

13. En la audición escuchamos que…
    a) desde el punto de vista teórico es posible viajar al pasado.
    b) se puede afirmar rotundamente que es imposible viajar en el tiempo.
    c) el tiempo es algo que muchos expertos siempre han tratado de dominar.

14. El entrevistado dice que un científico ruso…
    a) descubrió que el presente fluye hacia el pasado.
    b) dedujo que no se puede viajar al pasado.
    c) sacó varias conclusiones sobre el flujo presente-futuro.

15. Desde el punto de vista científico…
    a) sin duda se puede viajar al futuro.
    b) teóricamente se podría viajar al futuro.
    c) los viajes en el tiempo serían demasiado costosos.

16. El doctor Lozano dice que…
    a) no cree posible que hoy en día podamos comunicarnos con otros universos.
    b) se han descubierto universos y dimensiones diferentes a los nuestros.
    c) la *transcomunicación* sirve para viajar en el tiempo.

17. Los experimentos con el tiempo…
   a) no son seguros.
   b) abren muchos agujeros espacio-temporales.
   c) pertenecen a la vanguardia científica exclusivamente.

18. En la audición escuchamos que…
   a) se han hecho muchos experimentos con macropartículas.
   b) hay un abismo impresionante espacio-tiempo.
   c) muchos científicos han experimentado con el concepto espacio-temporal.

P I S T A S

- **13-C: En la audición escuchamos que el tiempo es algo que muchos expertos siempre han tratado de dominar.**
  A lo largo de la historia varios científicos han intentado controlar el tiempo. **(1 en la transcripción)**
  No es A porque en ningún lugar del audio dicen que sea posible viajar al pasado.
  Tampoco es B, porque según el doctor Lozano *no se puede decir ni que sí ni que no ahora mismo.* No afirma rotundamente que no se pueda viajar en el tiempo.
- **14-B: El entrevistado dice que un científico ruso dedujo que no se puede viajar al pasado.**
  Prigogine, Premio Nobel ruso, en uno de sus trabajos sacó varias conclusiones, una de las cuales es el hecho de que del pasado solo se puede fluir al presente y del presente solo se puede fluir al futuro.
  (2 en la transcripción)
  No es A porque lo que dice Lozano es que Prigogine descubrió, entre muchas otras cosas, que existe un flujo del pasado al presente y del presente al futuro.
  No es C porque Prigogine no extrajo varias conclusiones respecto al flujo presente-futuro, sino que entre varias conclusiones, una hablaba del flujo pasado-presente-futuro.
- **15-B: Desde el punto de vista científico, teóricamente se podría viajar al futuro.**
  Pero eso no significa que la ciencia permita los viajes en el tiempo hacia el futuro en estos momentos de una manera clara, y cuando digo los permita *quiero decir no tanto en la práctica como en la teoría* […].
  (3 en la transcripción)
  No es A porque en el audio escuchamos que teóricamente se podría viajar al futuro, no *sin duda.*
  No es C porque no se dice que los viajes en el tiempo sean costosos, sino que *por muy costosas y elaboradas que sean las máquinas* no es factible hoy en día hacer estos viajes.
- **16-A: El doctor Lozano dice que no cree posible que hoy en día podamos comunicarnos con otros universos.**
  […] comunicarnos con alguien que está en otro plano o en otra dimensión. Ahora mismo no parece factible […]. **(4 en la transcripción)**
  No es B porque no se habla de que se hayan descubierto universos y dimensiones diferentes sino que *no hay ninguna razón científica para pensar que no existan.*
  No es C porque en el audio se dice que la *transcomunicación* es comunicarse con otras dimensiones, no que sirva para viajar en el tiempo.
- **17-A: Los experimentos con el tiempo no son seguros.**
  Sabemos que experimentar con el tiempo puede resultar muy peligroso. **(5 en la transcripción)**
  No es B porque lo que dice el doctor Lozano es que los agujeros espacio-temporales se han conseguido en muchas ocasiones, no que los experimentos abran esos agujeros.
  Tampoco es C porque en ningún lugar del audio dicen que este tipo de experimentos pertenezcan a la vanguardia científica, sino que Tom Bearden y Peter Kelly hicieron un experimento de vanguardia.
- **18-C: En la audición escuchamos que muchos científicos han experimentado con el concepto espacio-temporal.**
  El hecho de abrir un agujero en el espacio-tiempo se ha conseguido en muchas ocasiones.
  (6 en la transcripción)
  No es A porque se han hecho experimentos con micropartículas, no con macropartículas.
  No es B porque lo que escuchamos es lo siguiente: *A nivel microscópico este fenómeno se repite en muchas ocasiones, pero de ahí a trasladarlo al campo humano, hay un abismo impresionante.*

DESCRIPCIÓN DE LA TAREA 4

- La tarea 4 de Comprensión auditiva consiste en **captar la idea esencial de monólogos o conversaciones breves formales o informales**.
- En esta tarea hay **seis monólogos** de un máximo de 70 palabras cada uno. Deberá seleccionar los enunciados que se corresponden con los ítems, de entre los **nueve posibles**. Hay tres que no se corresponden con ningún ítem.
- Los audios pertenecen al ámbito profesional y académico. En ellos se narran o describen experiencias, se expresan valoraciones, opiniones y consejos.
- En la realización de esta tarea **dispone de 20 segundos para leer las frases antes de escuchar el audio dos veces**.
- Le recomendamos, como siempre, que lea las frases detenidamente, pues es importante captar los pequeños matices para resolver la actividad con éxito: sinónimos, antónimos, frases hechas, perífrasis, conectores, preposiciones, conjunciones, etc.

CD II

Pista 16

A continuación va a escuchar a seis personas hablando sobre lo que estaban haciendo o dónde estaban el 16 de julio de 1969, día en el que el hombre puso el pie en la Luna por primera vez. Escuchará a cada persona dos veces.

Después, seleccione el enunciado, a)-j), que corresponde al tema del que habla cada persona, 19-24. Hay diez enunciados incluido el ejemplo. Seleccione únicamente seis.

Dispone de 20 segundos para leer los enunciados.
Escuche el ejemplo:
> Persona 0
> La opción correcta es el enunciado I.

ENUNCIADOS

a) Una persona de su familia no terminaba de creerse que el hombre hubiera llegado a la Luna.
b) Estaba seducido por los temas relacionados con los descubrimientos y el espacio exterior.
c) Ella y su familia estuvieron todo el día impresionados con la noticia.
d) Tenía diez años y estaba veraneando en Málaga.
e) Estaba de vacaciones con su familia en la playa.
f) La llegada a la Luna dejó en esta persona una huella que nunca se ha borrado.
g) Esta persona creía que todo era un engaño y que los que parecían estar en la Luna estaban, en realidad, de vacaciones.
h) Para esta persona el ser humano es maravilloso, capaz de experiencias increíbles.
i) *La retransmisión de la llegada del hombre a la Luna fue un pretexto para que sus padres estuvieran juntos.*
j) Por un lado quería ver la televisión y por otro se sentía en la obligación de no hacerlo.

	PERSONA	ENUNCIADO
	Persona 0	i)
19.	Persona 1	
20.	Persona 2	
21.	Persona 3	
22.	Persona 4	
23.	Persona 5	
24.	Persona 6	

P I S T A S

- **Persona 0:** La retransmisión de la llegada del hombre a la Luna fue un pretexto para que sus padres estuvieran juntos.
  La frase correcta es la I: [...] *la Luna les brindó la coartada perfecta para irse a un teleclub y estar juntos hasta altas horas* [...]. **(1 en la transcripción)**
  19-J: Por un lado quería ver la televisión y por otro se sentía en la obligación de no hacerlo.
- **Persona 1:** [...] *Me sentía emocionado como periodista ante lo que estaba ocurriendo y al mismo tiempo nervioso como padre* [...]. **(2 en la transcripción)**
  20-C: Ella y su familia estuvieron todo el día impresionados con la noticia.
- **Persona 2:** [...] *después de estar todo el día emocionados* [...]. **(3 en la transcripción)**
  21-A: Una persona de su familia no terminaba de creerse que el hombre hubiera llegado a la luna.
- **Persona 3:** [...] *Mi abuela no se lo creía* [...]. **(4 en la transcripción)**
  22-E: Estaba de vacaciones con su familia en la playa.
- **Persona 4:** *Yo estaba en un pueblo de la Costa Brava, con mis padres, de veraneo* [...].
  (5 en la transcripción)
  23-B: Estaba seducido por los temas relacionados con los descubrimientos y el espacio exterior.
- **Persona 5:** *La iconografía del espacio, de los nuevos mundos, me tenía auténticamente cautivado* [...].
  (6 en la transcripción)
  24-H: Para esta persona el ser humano es maravilloso, capaz de experiencias increíbles.
- **Persona 6:** [...] *yo saco siempre una conclusión: que el ser humano es increíble y que a veces hace cosas fantásticas* [...]. **(7 en la transcripción)**
  Los enunciados que sobran son D (**Tenía 10 años y estaba veraneando en Málaga.**), ya que la persona que estaba en ese lugar cuenta que iba a trabajar y dejaba a sus hijas con su madre, luego no podía tener diez años, F (**El llegar a la Luna por primera vez dejó una huella en esta persona que no se borra nunca.**), puesto que de lo que habla la persona 5 es de la huella física que los astronautas dejaron en la Luna no del recuerdo que él tiene y G (**Esta persona creía que todo era un engaño y que los hombres que parecían estar en la Luna, en realidad estaban de vacaciones.**), pues la persona 3 explica que era su abuela la que decía: *No, estos se han ido de vacaciones y luego vuelven contándonos que han estado en la Luna*, no ella.

DESCRIPCIÓN DE LA TAREA 5

- La tarea 5 de Comprensión auditiva consiste en **extraer información concreta y detallada de un monólogo o conversación extensa e inferir posibles implicaciones**.
- En esta tarea debe seleccionar **a, b** o **c** en cada una de las **seis preguntas**. Debe tener en cuenta que las preguntas pueden no ir en el mismo orden que el audio.
- Los audios pertenecen al ámbito público, profesional y académico, donde se describen o narran proyectos, opiniones, consejos y/o experiencias, de una extensión de un máximo de 500 palabras.
- Para la realización de esta tarea **dispone de 30 segundos para leer las preguntas antes de escuchar el audio dos veces**.
- Le recomendamos de nuevo que lea las frases detenidamente, pues es importante captar los pequeños matices para resolver la actividad con éxito: sinónimos, antónimos, frases hechas, perífrasis, conectores, preposiciones, conjunciones, etc.
- Tenga en cuenta que el hecho de que haya seis frases no significa que exista dos de cada una de las posibilidades, pues la persona A puede haber dicho tres, la persona B, uno y ninguno, dos.

CD II

Pista 17

A continuación va a escuchar a un hombre que habla de Cristóbal Colón y de los enigmas sobre su vida. Escuchará la audición dos veces. Después, conteste a las preguntas, 25-30. Seleccione la respuesta correcta, a), b) o c).
Tiene 30 segundos para leer las preguntas.

PREGUNTAS

---

25. En esta audición se dice que el acercarnos a la figura de Cristóbal Colón…
   a) puede resultar atrayente.
   b) se trata de una encrucijada.
   c) es un poco contradictorio.

26. Este locutor se pregunta…
   a) por qué eran motivo de discusión los datos de identidad de Colón hace 500 años.
   b) cómo sería Colón físicamente.
   c) si Colón nació en Génova hace 500 años.

27. En el audio…
   a) se cuestiona si tal vez alguien fue a América antes que Colón.
   b) se afirma que Colón conocía las rutas que se habían hecho antes a América.
   c) se dice que en la Antigüedad había rutas de poniente a occidente.

28. En la audición nos cuentan que…
   a) Holberg se refiere a un viaje que hizo a América en 1347.
   b) Colón llegó a la península del Labrador.
   c) hay referencias escritas de viajes a América anteriores a Colón.

29. En este audio escuchamos que…
- **a)** Colón se planteó muchos interrogantes.
- **b)** Colón respetó la cultura indígena.
- **c)** es raro que Colón desembarcara en Portugal al regresar de América.

30. El locutor dice que…
- **a)** está claro que Colón murió en Sevilla.
- **b)** se discuten muchas cosas sobre la vida de Colón.
- **c)** la biografía de Colón está siendo censurada.

Anote el tiempo que ha tardado:

Recuerde que solo dispone de **70 minutos**

PISTAS

- **25-A: En esta audición se dice que el acercarnos a la figura de Cristóbal Colón puede resultar atrayente (1 en la transcripción)**
  No es B porque en el audio no se dice que acercarnos a la figura de Colón se trate de una encrucijada, sino que *tal vez sea una tentación irresistible acercarse a la figura de Cristóbal Colón […] como si se tratara de una* <u>*encrucijada*</u> *de misterios por resolver.* **(2 en la transcripción)**
  Tampoco es C porque no escuchamos que el hecho de acercarnos a la figura de Colón sea contradictorio, sino que hay aspectos de su vida, estudiados por historiadores, que resultan contradictorios.
  (3 en la transcripción)

- **26-B: Este locutor se pregunta cómo sería Colón físicamente. (6 en la transcripción)**
  No es A porque lo que se pregunta el locutor del audio es por qué ahora, *500 años después* del descubrimiento, los datos de identidad del almirante siguen siendo *motivo de discusión.* **(4 en la transcripción).**
  Tampoco es C porque el locutor no se pregunta si Colón nació hace 500 años en Génova, sino si *hemos aceptado la ciudad italiana de Génova como el lugar de origen de Cristóbal Colón.* **(5 en la transcripción)**

- **27-A: En el audio se cuestiona si tal vez alguien fue a América antes que Colón.**
  (7 en la transcripción)
  No es B porque no se afirma en ninguna parte del audio que Colón conociera las rutas anteriores, si las había, sino que el locutor se pregunta cómo conocía una ruta que nadie, en teoría, había hecho antes.
  (8 en la transcripción)
  Tampoco es C porque no escuchamos que hubiera rutas de poniente a occidente, sino que *navegar* <u>*a occidente para llegar a poniente*</u> es una idea que venía repitiéndose desde la más remota antigüedad.
  (9 en la transcripción)

- **28-C: En la audición nos cuentan que hay referencias escritas de viajes a América anteriores a Colón. (10 en la transcripción)**
  No se dice que Holberg viajara a América en 1347 A, sino que escribió un libro donde se habla de un viaje a América en 1347, ciento cincuenta años antes que Colón. **(11 en la transcripción)**
  Tampoco se dice que Colón llegara a la península del Labrador C, sino que lo hicieron los navegantes del viaje contado por Holberg. **(12 en la transcripción)**

- **29-C: En este audio escuchamos que es raro que Colón desembarcara en Portugal al regresar de América. (13 en la transcripción)**
  No es A porque no sabemos si Colón se planteó muchos interrogantes. Lo que escuchamos es que en su biografía los interrogantes se suceden. **(14 en la transcripción)**
  Tampoco es B porque es una incógnita si Colón fue respetuoso con la cultura indígena o todo lo contrario.
  (15 en la transcripción)

- **30-B: El locutor dice que se discuten muchas cosas sobre la vida de Colón. (16 en la transcripción)**
  No es A porque no está claro cuándo y dónde murió Colón, aunque se tenga como cierto que su tumba está en Sevilla. **(17 en la transcripción)**
  Tampoco es C porque no escuchamos que la vida de Colón esté siendo censurada ahora, sino que no sabemos mucho de ella hoy dado que parece oficial la censura en la época contemporánea a Colón cuando se ejercía: *es fruto de una censura oficial que ha condicionado nuestra percepción clara de los hechos.*
  (18 en la transcripción)

DESCRIPCIÓN DE LA PRUEBA 3

- La prueba 3, **Expresión e interacción escritas**, consta de **2 tareas**. Su duración total es de **80 minutos**.
- Las 2 tareas son de respuesta escrita y de calificación subjetiva.
- Estas tareas se basan en actividades de uso de la lengua, como la comprensión, la expresión, la interacción y la mediación.
- Esta prueba exige una **redacción donde las ideas se expongan de manera clara, detallada y bien estructurada**. Todo ello requiere un **adecuado conocimiento en el uso de conectores** (estructuradores de la información, reformuladores, elementos contraargumentativos), adverbios, pronombres, demostrativos y todos aquellos recursos que dan coherencia y cohesión a un texto.
- Esta prueba exige habilidad en el manejo de distintos tipos de texto: exposición, narración, argumentación y descripción.

http://nivelesb.diplomas.cervantes.es/pdf/examen_0_b2.pdf

DESCRIPCIÓN DE LA TAREA 1

- La tarea 1 de Expresión e interacción escritas consiste en **la comprensión de un texto oral informativo y en la redacción de un texto a partir de las notas tomadas durante la audición**. El texto escrito será una **carta** o un **correo electrónico** donde se recojan los contenidos relevantes del texto auditivo y se exprese una opinión sobre ellos.
- Para la realización de la tarea, **se parte de un estímulo oral**, que puede ser un comentario, una retransmisión deportiva, una noticia, un anuncio… El texto oral puede pertenecer al ámbito personal, público, académico o profesional y consta **de 200 a 250 palabras**.
- En la redacción del texto, formal o informal, ha de buscarse una exposición clara de las ideas y argumentos, donde se respeten las convenciones y características propias del género epistolar. La extensión del texto oscila **entre las 150 y las 180 palabras**.
- Para la realización adecuada de la actividad, debe tomar notas de lo que escuche y seleccionar la información que considere pertinente. A continuación deberá organizarla coherentemente y redactar el texto según lo indicado en las instrucciones.
- Esta tarea exige atención a la ortografía, la gramática y a los elementos discursivos. Para ello ha de cuidar la redacción y atender a la cohesión de las distintas partes del texto. Asimismo, debe prestar atención a los mecanismos de atenuación y a la cortesía a la hora de exponer sus ideas.

80 min | Tiempo disponible para las 2 tareas.

Usted se ve obligado, por cuestiones de trabajo, a viajar frecuentemente en avión. En su último viaje, su vuelo se retrasó y llegó tarde a Munich, donde debía hacer escala para coger otro avión a Delhi. Como consecuencia de tal retraso, perdió la conexión y tuvo que quedarse una noche en Munich. La compañía aérea negó su responsabilidad en esta incidencia y usted tuvo que pagar una noche en un hotel de la ciudad. Ahora ha reclamado nuevamente a la compañía que le reembolse el gasto de alojamiento, pero esta ha denegado su queja. Por todo ello, ha decidido escribir una carta de reclamación con el fin de que le compensen de algún modo por todas las molestias que ha tenido que soportar. En la carta debe:

- presentarse;
- enumerar las distintas incomodidades sufridas;
- exigir una compensación por el daño ocasionado;
- proponer algunas formas de compensación que solucionen el problema.

Número de palabras: **entre 150 y 180**.

CD II

Pista 18

*Va a escuchar un anuncio sobre un programa televisivo que recoge **el aumento de reclamaciones y denuncias de los consumidores**.*

CARTA DE RECLAMACIÓN

CARTA DE RECLAMACIÓN
La carta de reclamación es un medio muy efectivo para exponer nuestras quejas.
Es fundamental que los datos sean concretos y que se apoyen en pruebas que confirmen la legitimidad de nuestras demandas.

1. Es conveniente centrarse en las posibles soluciones más que buscar culpables.
2. Exposición clara, ordenada.
3. Proporcionar toda la información relevante y prescindir de datos no pertinentes.
4. Es esencial dirigir las quejas a la persona con mayor autoridad para resolver el problema.
5. Dar credibilidad a la queja aportando datos concretos y su cronología exacta.
6. Evitar ataques personales o insultos.
7. Aclarar qué compensación se desea obtener.

MODELO DE CARTA DE RECLAMACIÓN

Asunto identificativo del problema

Identificarse

Lugar y fecha

Madrid, 12 de agosto de (año)
Hotel Relajavida

Javier González García
c/Arena, 8. 2.°c
28043 Madrid
Telf. 629 185 311

Encabezamiento
Ponemos el cargo de la persona a la que nos dirigimos.

Asunto: reclamación por deficiencias en el servicio

Presentación y exposición del problema
- Me pongo en comunicación con ustedes para informarles de una serie de incidencias ocurridas durante mi estancia en su hotel.
- Como máximo responsable del hotel, me dirijo a usted para comunicarle mi descontento por el servicio recibido en sus instalaciones.
- En su oferta prometían que…

Estimado Sr. Director:

La primera semana del presente mes me alojé en su hotel. Cuando hice la reserva, se me ofreció conexión wifi en la habitación, así como acceso gratuito al gimnasio y al spa del hotel. Además, me garantizaron que se trataba de un lugar tranquilo y perfecto para unos días de relajación. Sin embargo, durante mi estancia en sus instalaciones vi cómo se incumplieron, una tras otra, todas las condiciones del contrato.

Así, la conexión wifi estaba bloqueada en las habitaciones, lo que me impidió tener algunas videoconferencias muy importantes sobre incidentes que surgieron durante mi ausencia en mi trabajo. Por otra parte, cuando intenté acceder al gimnasio, me dijeron que solo era posible para ofertas especiales reservadas con un mes de antelación. Para empeorar la situación, el spa se hallaba en obras durante mi estancia, algo de lo que no se me avisó al hacer la reserva.

Tampoco el servicio de limpieza ha sido como yo esperaba. Las camareras llamaban a la puerta cuando colgaba el cartel de «No molesten» y la reposición del jabón y del champú era insuficiente. Además, la limpieza dejaba mucho que desear.

Como prueba de todo lo dicho, les adjunto una copia de la reserva y fotos tomadas tras la limpieza de mi habitación.

Por todo ello, les reclamo una compensación por el incumplimiento de las condiciones estipuladas en la reserva. De lo contrario, me veré obligado a tomar medidas legales.

Descripción detallada de los inconvenientes sufridos
- La habitación era oscura y daba a una zona de salida de humos de la cocina del hotel…
- Los empleados fueron descorteses cuando les expuse mis quejas…
- Tuve que pagar las bebidas, cuando en el contrato se especificaba que estas se incluían en el precio del menú.

Aportar pruebas que apoyen la reclamación
- Les adjunto copia de la cuenta del restaurante.
- Incluyo documentación para apoyar mi reclamación.
- Puse en conocimiento de la gobernanta, la Sra. Pérez Gómez, la actitud de sus empleadas, y ella les confirmará nuestra conversación…

Pedir una respuesta y avisar de futuras actuaciones
- En caso de no obtener respuesta suya en el plazo de una semana, tomaré medidas legales contra ustedes.
- Si no recibo noticias dentro de una semana, les denunciaré ante la Organización de Consumidores.
- Espero una respuesta inmediata. En caso contrario, me veré obligado/a a denunciarles.

Atentamente,
Javier González García

Despedida

Firma

Preparación Diploma de Español (Nivel B2)

DESCRIPCIÓN DE LA TAREA 2

- La tarea 2 de Expresión e interacción escritas consiste en **redactar un texto en el que se argumente, opine o valore, a partir de una tabla con datos estadísticos, de un gráfico o de un texto**.
- Se trata de **escribir un artículo de opinión** en un **registro formal** para una revista, un blog o un periódico. **La extensión total es de 150-180 palabras**.
- Las ideas principales y las secundarias deben ser expuestas de forma detallada, clara y deben estar bien estructuradas.
- Cuenta con **dos opciones** de las cuales tiene que **elegir una**:
  - **Opción A**: escribir **un artículo** en el que analice un gráfico o una tabla con datos estadísticos.
  - **Opción B**: redactar **una reseña o un artículo** para un blog a partir de un texto de unas 200-250 palabras: una noticia de un periódico, de una revista, blog, red social, reseña de un libro, crítica de una película, sinopsis de una obra de teatro…
- **Los textos de entrada** pertenecen al ámbito público, académico y profesional. Los temas pueden ser sobre medio ambiente, medios de comunicación, turismo, economía, trabajo, educación…

TAREA 2

Elija solo una de las dos opciones que se le ofrecen a continuación:
Número de palabras: **entre 150 y 180.**

OPCIÓN 1

Usted colabora como asesor en un programa español de animación turística y le han pedido que haga una presentación sobre los últimos datos en el sector. Para preparar el tema cuenta con la información que se ofrece en los siguientes gráficos.

Alojamientos turísticos. Principales resultados de la demanda 2011. Datos provisionales

	*Pernoctaciones (millones)	Estancia media (días)	Variación interanual % Pernoctaciones	
Establecimientos hoteleros	286,6	3,36	-2,2	12,7
Apartamentos turísticos	63,5	7,24	2,3	8,8
Camping	31,7	5,11	2,9	2,6
Alojamientos turismo rural	7,7	2,83	-3,5	19,3

■ Residentes en España
■ Residentes en el extranjero

Estancia media en hoteles. 2011

España 3,36 días

■ 3,8 días o más   De 1,8 a 2,8 ■
■ De 2,8 a 3,8   Menos de 1,8 días

Fuente: España en cifras 2012. www.ine.es

Redacte un texto en el que deberá:
• introducir el tema del estudio y señalar la importancia social y económica del sector turístico en el momento actual.
• resaltar los datos que considere más relevantes sobre las zonas y los tipos de alojamiento más demandados en España.
• comparar y valorar las diferencias más apreciables entre los alojamientos elegidos por extranjeros y españoles.
• dar sugerencias de inversión en el sector turístico español a partir de la información recogida en los gráficos.

*Pernoctar es pasar la noche en determinado lugar, especialmente fuera del propio domicilio.

Usted leyó ayer la siguiente noticia sobre las causas principales de los accidentes de tráfico y ha decidido difundir esta información en un periódico local con el que colabora, ofreciendo una serie de consejos para prevenirlos.

Las distracciones son la principal causa de accidente de tráfico

Los ocupantes del vehículo y las preocupaciones son las principales fuentes de despiste

Uno de cada dos accidentes de tráfico ocurridos en las carreteras españolas durante 2012 tuvieron como factor concurrente una distracción, que es ya la primera causa de siniestralidad en España por encima de la infracción de la norma, la velocidad inadecuada y el cansancio o el sueño, según el primer barómetro elaborado por el Real Automóvil Club de España (RACE), en colaboración con BP y su marca Castrol.

Según una encuesta realizada a 4 473 conductores, la principal distracción reconocida por los automovilistas es *escuchar la radio o música* (85,3%), seguida de *hablar con algún ocupante* (77,7%) y *pensar en las preocupaciones personales* (56%). Por su parte, las distracciones que menos reconocen los conductores como propias están relacionadas con la manipulación del móvil.

En cuanto a las distracciones ajenas, los encuestados han señalado como conducta frecuente ver al resto de conductores *hablando con algún ocupante* (90,8%), *fumando* (85,3%), *mirando un accidente* (85,2%) y *hablando por teléfono*.

Más del 90% de automovilistas han identificado como las distracciones de mayor riesgo las relacionadas con la manipulación de un teléfono móvil, especialmente, *chatear por el móvil, mandar o leer un SMS o hablar por teléfono sin manos libres*. Además, un 45,1% considera que hablar por teléfono también es arriesgado aunque se haga con el manos libres.

Fuente: Adaptado de http://politica.elpais.com

Redacte un texto para publicarlo en un periódico en el que deberá:
* hacer una pequeña introducción sobre los accidentes de tráfico y sus graves consecuencias personales, familiares y sociales;
* enumerar las principales causas de los accidentes de tráfico;
* elaborar una lista de recomendaciones para prevenirlos;
* contar algún caso conocido de incidente producido por alguno de estos motivos.

DESCRIPCIÓN DE LA PRUEBA 4

La prueba de **Expresión e interacción orales** contiene **3 tareas**:

- **TAREA 1. Valorar propuestas y conversar sobre ellas. (6-7 minutos)**
  Usted deberá hablar durante 3-4 minutos de las ventajas e inconvenientes de una serie de soluciones propuestas para una situación determinada. A continuación, conversará con el entrevistador sobre el tema. **Deberá elegir una de las dos opciones.**

- **TAREA 2. Describir una situación imaginada a partir de una fotografía y conversar sobre ella. (5-6 minutos)**
  Usted debe imaginar una situación a partir de una fotografía y describirla durante 2-3 minutos. A continuación conversará con el entrevistador acerca de sus experiencias y opiniones sobre el tema de la situación. Tenga en cuenta que no hay una respuesta correcta: debe imaginar la situación a partir de las preguntas que se le proporcionan. **Deberá elegir una de las dos opciones propuestas.**

- **TAREA 3. Opinar sobre los datos de una encuesta. (3-4 minutos)**
  Usted debe conversar con el entrevistador sobre los datos de una encuesta, expresando su opinión al respecto. **Deberá elegir una de las dos opciones propuestas.**

Tiene **20 minutos para preparar las tareas 1 y 2.** Usted puede tomar notas y escribir un esquema de su exposición que podrá consultar durante el examen; **en ningún caso podrá limitarse a leer el esquema o sus notas.**

http://nivelesb.diplomas.cervantes.es/pdf/examen_0_b2.pdf

DESCRIPCIÓN DE LA TAREA 1

- La tarea 1 de la prueba de Expresión e interacción orales consta de dos partes. En **la primera** debe realizar un monólogo en el que haga una valoración, durante **3-4 minutos**, de al menos cuatro de las cinco o siete soluciones que se le ofrecen en una lámina, para resolver una situación controvertida.
- **En la segunda** deberá dar sus opiniones y responder a las preguntas sobre el tema que realizará el entrevistador, hasta completar los **6-7 minutos** que dura esta tarea.

20 min — Tiempo disponible para las 3 tareas.

20 min — Tiempo disponible para la preparación de la intervención oral.

TAREA 1

Debe hablar durante 3 o 4 minutos de las ventajas e inconvenientes de una serie de soluciones que se proponen para un determinado problema. Después, conversará con el entrevistador sobre el tema. Tiempo total, 6-7 minutos.

LOS PROBLEMAS MEDIOAMBIENTALES

En la última Cumbre de la Tierra celebrada en 2012 en Estocolmo y convocada por la ONU se trataron cuestiones medioambientales y se establecieron las bases de una necesaria política internacional sobre medio ambiente.

Expertos en el tema se reunieron para denunciar los principales problemas medioambientales y para discutir algunas medidas que ayuden a remediarlos.

Lea las propuestas recogidas y explique las ventajas e inconvenientes de, como mínimo, cuatro de ellas.

Después de su monólogo conversará con el entrevistador sobre el tema y las propuestas.

En su exposición debe especificar por qué le parece una buena o mala solución esa propuesta, qué inconvenientes puede tener, a quién beneficia y a quién perjudica, si puede ocasionar otros problemas o si habría que precisar algo más…

Habría que preservar los ecosistemas de especial valor medioambiental para evitar la extinción de sus especies vegetales y animales. Si no se actúa ahora desaparecerá la biodiversidad.

Se deberían tomar medidas para preservar el medio ambiente y para favorecer el desarrollo sostenible. Los recursos naturales son limitados y muy pronto podrían agotarse si no se actúa con rapidez y eficacia.

Hay que llevar a la cárcel a las personas que provocan intencionadamente incendios, deforestación, mareas negras..., que son la causa de desastres naturales como las sequías, la desertización y las inundaciones.

Sería necesario llegar a acuerdos internacionales para limitar la emisión de gases de efecto invernadero, hecho que está muy relacionado con el calentamiento global y con el cambio climático

Yo pondría multas a todas las empresas que contaminen o viertan sus residuos tóxicos y obligaría a que todas las compañías utilizasen energías limpias. Habría que exigirles también programas de reciclado.

Yo creo que no hay que obsesionarse con el tema. En la historia del mundo siempre ha habido ciclos alternativos de calor y de frío. No hay evidencias científicas de que exista realmente un cambio climático en la actualidad.

EXPOSICIÓN
Ejemplo: *Yo estoy de acuerdo con la propuesta de que habría que preservar los ecosistemas porque…*

CONVERSACIÓN
Cuando el candidato termine su monólogo sobre las propuestas de la lámina (3 o 4 minutos), el entrevistador le hará algunas preguntas sobre el tema durante otros 3 minutos.
La duración total de esta tarea es de 6 a 7 minutos.

EJEMPLO DE PREGUNTAS DEL ENTREVISTADOR
Sobre las propuestas
- ¿Está de acuerdo con todas las propuestas? ¿Eliminaría o añadiría alguna?

Sobre su realidad
- ¿Cree que en general se protege el medio ambiente en el mundo? ¿Y en su país? Explique su respuesta.

Sobre sus opiniones
- ¿Cuáles son, en su opinión, los principales problemas medioambientales?
- ¿Cree que debe haber leyes internacionales para proteger el medio ambiente o piensa que eso depende de los gobiernos de cada país?
- ¿Qué pueden hacer las personas en su vida diaria para mejorarlo? ¿Qué medidas tomaría al respecto si fuese político?

DESCRIPCIÓN DE LA TAREA 2

- La tarea 2 de la prueba de Expresión e interacción orales consiste en **describir la situación que se está produciendo en una fotografía,** de acuerdo con unas indicaciones que se le ofrecerán para su intervención.
- Deberá realizar un breve monólogo sobre esa situación que aparece en la lámina y a continuación conversar sobre el tema con el entrevistador.
- Le proporcionarán dos fotografías para que elija una de ellas y tendrá **20 minutos** para preparar la **tarea 1** y la **tarea 2**.
- La duración total de esta tarea es de **5-6 minutos**.

Usted debe imaginar la situación que se está produciendo en la fotografía y, a continuación, tiene que describirla durante 2 minutos aproximadamente, a partir de unas preguntas que se le ofrecen en la lámina. Puede haber más de una respuesta.

Después, hablará con el entrevistador y expresará sus opiniones sobre ese tema.

Tiene que elegir una de las dos opciones que se le ofrecen.

VIAJE CON MAL TIEMPO

Las personas que aparecen en esta fotografía se encuentran de turismo en una ciudad. Imagine la situación y hable sobre ella durante 2 minutos aproximadamente. Para ello puede centrarse en los siguientes aspectos:

- ¿Dónde cree que se encuentran estas personas? ¿Por qué piensa eso?
- ¿Cree que existe alguna relación entre ellas? ¿Por qué?
- Seleccione dos o tres personas de la fotografía e imagine cómo son, dónde viven, a qué se dedican…
- ¿Puede explicar, a partir de los gestos y movimientos, qué está sucediendo en ese momento?
- ¿Cómo cree que va a continuar la escena? ¿Qué cree que van a hacer a continuación las personas que están en primer término en la fotografía?

Después de la descripción, el entrevistador le hará algunas preguntas sobre el tema hasta completar el tiempo total de esta prueba, que es de 5-6 minutos.

EJEMPLOS DE PREGUNTAS DEL ENTREVISTADOR

- ¿Le ha ocurrido alguna vez una situación como la de la foto? En caso afirmativo, ¿puede contar dónde estaba, qué pasó, qué hizo…?
- ¿Cree que para viajar es importante que haga buen tiempo? ¿Puede poner ejemplos de destinos turísticos y de sus riesgos meteorológicos?

DESCRIPCIÓN DE LA TAREA 3

- La tarea 3 de la prueba de Expresión e interacción orales consiste en **conversar de manera informal a partir de un estímulo escrito o gráfico**, que puede ser resultados de encuestas, noticias sobre temas actuales...
- Podrá **elegir una** de las dos láminas que se le ofrecen.
- Esta tarea **no se prepara** previamente. Su duración total es de **3-4 minutos**.

Usted tiene que dar su opinión a partir de unos datos de noticias, encuestas, etc., que se le ofrecen (2-3 minutos). Después, debe conversar con el entrevistador sobre esos datos, expresando su opinión al respecto.
Esta tarea no se prepara previamente.

DESTINOS TURÍSTICOS

¿Qué tipo de viajes suele hacer? ¿Adónde le gusta viajar? Seleccione en esta lista sus destinos turísticos preferidos y explique los motivos de su elección:

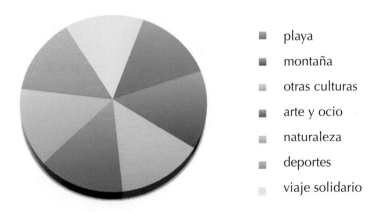

- playa
- montaña
- otras culturas
- arte y ocio
- naturaleza
- deportes
- viaje solidario

A continuación compare sus respuestas con los resultados obtenidos en España en una encuesta con las mismas preguntas.

- ¿En qué se parecen? ¿Hay alguna diferencia importante?
- ¿Quiere destacar algún aspecto? ¿Cree que hay otros indicadores que debería contener la encuesta? ¿Puede explicarlo?
- ¿Cuáles son sus actividades favoritas cuando viaja?

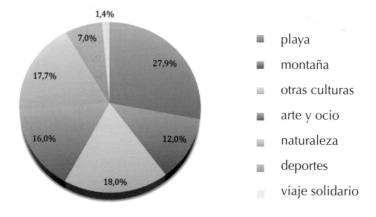

- playa
- montaña
- otras culturas
- arte y ocio
- naturaleza
- deportes
- viaje solidario

PRUEBA 2 Y 3  Comprensión auditiva

CD I	Pista 1	Examen 1	Prueba 2	**Tarea 1**
	Pista 2	Examen 1	Prueba 2	**Tarea 2**
	Pista 3	Examen 1	Prueba 2	**Tarea 3**
	Pista 4	Examen 1	Prueba 2	**Tarea 4**
	Pista 5	Examen 1	Prueba 2	**Tarea 5**
	Pista 6	Examen 1	Prueba 3	**Tarea 1**
	Pista 7	Examen 2	Prueba 2	**Tarea 1**
	Pista 8	Examen 2	Prueba 2	**Tarea 2**
	Pista 9	Examen 2	Prueba 2	**Tarea 3**
	Pista 10	Examen 2	Prueba 2	**Tarea 4**
	Pista 11	Examen 2	Prueba 2	**Tarea 5**
	Pista 12	Examen 2	Prueba 3	**Tarea 1**
	Pista 13	Examen 3	Prueba 2	**Tarea 1**
	Pista 14	Examen 3	Prueba 2	**Tarea 2**
	Pista 15	Examen 3	Prueba 2	**Tarea 3**
	Pista 16	Examen 3	Prueba 2	**Tarea 4**
	Pista 17	Examen 3	Prueba 2	**Tarea 5**
	Pista 18	Examen 3	Prueba 3	**Tarea 1**
	Pista 19	Examen 4	Prueba 2	**Tarea 1**
	Pista 20	Examen 4	Prueba 2	**Tarea 2**
	Pista 21	Examen 4	Prueba 2	**Tarea 3**
	Pista 22	Examen 4	Prueba 2	**Tarea 4**
	Pista 23	Examen 4	Prueba 2	**Tarea 5**
	Pista 24	Examen 4	Prueba 3	**Tarea 1**
CD II	Pista 1	Examen 5	Prueba 2	**Tarea 1**
	Pista 2	Examen 5	Prueba 2	**Tarea 2**
	Pista 3	Examen 5	Prueba 2	**Tarea 3**
	Pista 4	Examen 5	Prueba 2	**Tarea 4**
	Pista 5	Examen 5	Prueba 2	**Tarea 5**
	Pista 6	Examen 5	Prueba 3	**Tarea 1**
	Pista 7	Examen 6	Prueba 2	**Tarea 1**
	Pista 8	Examen 6	Prueba 2	**Tarea 2**
	Pista 9	Examen 6	Prueba 2	**Tarea 3**
	Pista 10	Examen 6	Prueba 2	**Tarea 4**
	Pista 11	Examen 6	Prueba 2	**Tarea 5**
	Pista 12	Examen 6	Prueba 3	**Tarea 1**
	Pista 13	Examen 7	Prueba 2	**Tarea 1**
	Pista 14	Examen 7	Prueba 2	**Tarea 2**
	Pista 15	Examen 7	Prueba 2	**Tarea 3**
	Pista 16	Examen 7	Prueba 2	**Tarea 4**
	Pista 17	Examen 7	Prueba 2	**Tarea 5**
	Pista 18	Examen 7	Prueba 3	**Tarea 1**